一本书打造电商主播

井应天 著

中国商业出版社

图书在版编目（CIP）数据

一本书打造电商主播 / 井应天著 . -- 北京：中国商业出版社 , 2020.12

ISBN 978-7-5208-1294-8

Ⅰ . ①一… Ⅱ . ①井… Ⅲ . ①网络营销 Ⅳ . ① F713.365.2

中国版本图书馆 CIP 数据核字 (2020) 第 195616 号

责任编辑：侯　静　杜　辉

中国商业出版社出版发行
（100053 北京广安门内报国寺 1 号）
010-63180647　www.c-cbook.com
新华书店经销
三河市长城印刷有限公司印刷
*
710 毫米 ×1000 毫米 16 开 14.5 印张 195 千字
2020 年 12 月第 1 版 2020 年 12 月第 1 次印刷
定价：48.00 元
* * * *
（如有印装质量问题可更换）

前言

2020年始，我们虽然经历了新冠肺炎疫情，很多企业因此而受到很大的影响，但不可否认的是，很多人也看到了商机，即直播的火爆。互联网上的内容，从博客时代洋洋洒洒的文字内容，到微博时代的140个字的短小精悍内容，再到公众号的有图有真相的文章内容，而后演变成"短视频"的近距离、可视化时代，现在终于进化到"直播"，可以实现主播与粉丝的互动与近乎真实的场景体验。

面对直播这个商机，各路人马纷纷加入其列。董明珠在直播，刘涛在直播，李佳琦在直播，王石在直播，这些名人大咖巨量的成交额撩动着看客的心，使得普通人也纷纷加入直播行列。而各大平台如快手、抖音、拼多多、淘宝、今日头条等都相应设置了直播板块，意欲从直播这块大蛋糕中分得一杯羹。总之，各行各业似乎都开始了直播，有的先赚了人气后赚到钱，有的在持续赚钱。有的人直播才艺吸引流量变现，有的人直播销售产品卖货提成。总之，这一年注定不同寻常，直播同样不寻常，如果你想足不出户挣到钱，那么直播或许是一个很好的模式。

直播这个行业会越来越平民化、标准化，企业们在当下或未来都将建立起自己的IP矩阵，都将拥有自己的网红团队。所有的企业营销人员、导购、客服等都将具备直播的能力，直播将成为营销的重要一环，而且是优秀、高效的营销手段！比如董明珠直播30分钟销售额突破1亿元，100分钟突破2亿元，全场3小时总销售额高达3.1亿元，相当于格力网上店铺卖一年的成绩。国美电器老总搭上央视主持名嘴，直播一场销售5个亿。不可否认，直播已经发展成为品牌在新时代的必要营销手段之一。

很多企业创始人、CEO早已踏上了直播卖货的"高速列车"，直播带货这一"后浪"来势汹汹。比如，上海林清轩化妆品有限公司负责人孙春来第一次直播，两小时吸引观众6万多名，销售额近40万元，相当于实体店一个月的售销量；海底捞、小龙坎、辣府等多家火锅店总裁集体上淘宝直播深夜食堂，短短几小时吸引好几百万网友围观。银泰商业CEO陈晓东直播4小时，观看人数22万，拿下直播排行第一名；携程的梁建章在抖音上开启直播首秀，不仅卖货，还同主播连线互动抽奖。

除这些知名人物之外，快手和抖音直播的那些大V，即使是普通人只要流量和人气足够高，直播所获利益也非常可观。可见直播已成为一种新的商业模式和发展趋势。以罗永浩电商直播为代表的消费现象，体现出直播这种媒介形式极强的互动性和临场感，直播所构筑起的互动场景，充分满足了消费者追求真实、现场示范商品等心理需求，相对于传统的电商模式更能激发用户的购物欲。可以预见，未来直播也将成为零售业、制造业等行业的标配销售渠道。

如今我们都熟悉的1.0直播电商的网红都是各大平台推动的结果，其目的是想要更多的人、更多的商家关注到直播并重视直播，从而进入直播电商当中来。

在这个商业进化的过程当中，MCN机构应运而生，实现了自身商业利润的暴增。而这种商业利润的暴增在经过直播电商走进企业、商家并形成常态化和标准化阶段之后将自然消失，网红、品牌达人等行业垂直类主播将成为新的主要的趋势。相应地，关于行业网红、品牌达人的直播训练孵化以及IP及IP矩阵的打造等将成为新商业文明的必修课。

基于这个预见，我在经过长期的苦心钻研、通过对大量MCN机构的走访调研以及对直播电商这个行业的深度理解，并在结合近千家企业实际的业务基础上编写了本书。

本书集合了较为完整的理论体系、较为详细的实操案例和高效的系统工具，以期更好地赋能于企业的直播电商转型及广大播主，以作为助力企业转型升级、加速播主成为网红的路径！

总之，这是一本从小白到网红的实战真经！

目录
catalogue

第一章　电商主播的规律认知：爆红主播的本质是什么 / 1
　　爆红有术，何为直播网红 / 2
　　直播对于企业的意义与价值 / 7
　　电商主播有哪些类型 / 13
　　不同的主播满足观众哪些需求 / 17
　　主播的价值定位是什么 / 23
　　做直播，你到底想要什么 / 26

第二章　电商主播的基因与路径：爆红的基因你有吗 / 29
　　哪些人、哪些 IP 有机会爆红 / 30
　　明星名人直播，卖点在哪里 / 35
　　爆红的基因有哪些 / 39
　　普通人爆红基因的"三自法则" / 43
　　爆红的路径有哪些 / 47

第三章　电商主播的 IP 定位：爆红的 IP 都是设计出来的 / 53
　　IP 是什么 / 54
　　IP 定位定什么 / 59

　　IP角色定位和三大维度 / 64
　　差异化才能"C"位出道 / 69
　　在自己熟悉的领域提升竞争力 / 73
　　IP定位要回答7个问题 / 77

第四章　电商主播的IP内容：爆红的内容如何设计 / 81
　　IP内容包括哪些 / 82
　　创作爆红内容的N种捷径 / 86
　　那些爆红的段子，你研究过吗 / 92
　　一条视频如何做到浏览量过百万、千万 / 95
　　能掘金才是IP的长久之道 / 100

第五章　电商主播的IP传播：播与传哪个更关键 / 105
　　爆红的根本在播更在传 / 106
　　人们转发的动机和心理需求 / 110
　　内容转发传播的原则和场景 / 115
　　把自己打造成超级IP传播体 / 120
　　创造疯转内容的14种形式 / 125

第六章　电商主播IP的流量战略：如何将流量变成价值 / 131
　　保持内容垂直是吸引人的基础 / 132
　　可以模仿但不忘"与众不同" / 136
　　了解粉丝，打造粉丝喜欢的内容 / 139
　　有守法意识，杜绝流量造假 / 143
　　爆红需要流量，更需要文化 / 146

第七章　电商主播的表与演：如何把平台变成个人秀场 / 151
　　不会"演"的主播不是好主播 / 152

　　主播会带货更有价值 / 155

　　艺多不压身，用心很重要 / 160

　　主播不要忽视的 10 个细节 / 163

第八章　电商主播 IP 的变现法则：让变现给直播添动力 / 171

　　内容变现 / 172

　　直播带货 / 176

　　承接广告 / 181

　　撩粉打赏 / 186

　　企业宣传 / 189

第九章　电商主播背后的社群运营：直播 + 社群才是优质搭配 / 193

　　爆红的核心来自粉丝 / 194

　　用自己的直播，建自己的圈子 / 198

　　线上、线下互动才能让社群有活力 / 202

　　经营社群让粉丝变用户 / 205

　　未来趋势：直播 + 社群 + 电商 / 210

后　记 / 215

第一章

电商主播的规律认知：爆红主播的本质是什么

爆红有术，何为直播网红

这一年，直播站在了风口上，爆红的播主制造了太多的带货、带流量、带节奏的神话。比如，在京东的一场促销活动中，网红仅直播两小时，就带动蒙牛一款牛奶销售量超过了10万箱。10万箱是什么概念呢？假设它是一个线下店一年的销量，平均下来一天也要销售近30箱，相当于一家中小型超市的销售量。而这，也只是网红在两小时直播带货众多商品中的一款！直播强大不强大？网红的威力强大不强大，当这种威力被一次又一次验证以后，我们禁不住会问，这些爆红的播主凭什么就能红？凭什么两小时就能赚到别人几年，甚至一辈子的钱呢？

也许大家都有同样的想法，对一片火爆的视频直播百思不得其解：不就是一个人在那儿作秀，或者一群人在那儿自说自唱自演吗？有啥内涵？礼物这么贵咋还这么多无聊观众不停地送？为何还有那么多"剁手族"架不住诱惑会不停地买买买、抢抢抢呢？虽然很多人不解，但架不住投身直播的创业者越

第一章
电商主播规律认知：爆红主播的本质是什么

来越多，给直播的投资者越来越多，融资金额一次又一次突破人们的认知。难道这些风投都傻吗？所以，爆红有道亦有术。既然他们有爆红的特质，我们不妨放下偏见，沉下心来研究直播背后的逻辑。在这个社会上没有无缘无故的火爆，也没有无缘无故的风口，这其中一定有玄机。

许多人只看到网红薇娅、李佳琦他们的超级带货能力，只看到罗胖、董小姐的超级音浪，但却没有找到其中的规律何在。你想要成为网红，就要了解其中的道，道在哪里呢？《易经》说：一阴一阳之谓道；老子说：道生一、一生二、二生三，三生万物；老子又说：人法地，地法天，天法道，道法自然。这三句话连在一起，就完整地解读了何为道。道即规律，规律即自然，自然即大道。从商就要行商道，从政就要行政道。商之道，即欲取先予，即成人才能达己。政之道，即为百姓做主，为人民服务。而网红之道呢？道在人心，人心即道。所以，直播红的理由，关键还是在人，还是在人心。粉丝为什么支持你？粉丝为什么置顶你？粉丝为什么追随你？这才是成为网红的根本所在。明白了这其中的玄机与奥秘，等于悟出了爆红之"道"。有道才能有得，这就是《道德经》的精髓所在。得道多助，失道寡助。想要让自己爆红，你先要掌握爆红之道，然后就是掌握爆红之术，最后利用好爆红之器，这三步做到，想不红都难。

网红很容易理解，狭义来说就是秀场直播，美女靓哥在直播间唱歌跳舞秀才艺；广义上来讲，除重大、突发事件的直播之外，其他所有的直播都可以归为网红直播。直播无非两件事：看人＋看事。大事件和突发事件是以事件本身为主，用户看的是事件。其余的直播就是看人。这些人不管是众人皆知的

"名人"还是普通人,在直播里能够吸引人的其实都应该归结为"名人",并不是人们先入为主的观念里的直播播主是很"LOW"的感觉。这些所谓"名人"也不过就是大网红,仅仅是大V、小V的不同而已。

这一章,我们先了解网红的"术"。

第一个问题:直播凭啥这么火?

我们想要知道直播是如何红的,先要想一下文字为什么诞生?如果没有文字,画符、结绳不也可以吗?答案很明显,文字比之前的结绳和画符更便于信息的交流,更具直观性。直播是语音+可视化,对于信息交流来说变得更具象、更生动。对于录播的那种视频而言,更真实、更实时、更互动,便于快速反馈,便于与粉丝互动交流。这就是直播红的原因,它和文字的诞生有一定的相似之处。当观众亲眼看到事情正在发生,当事人正在现场(这个当事人还是自己喜欢的偶像),对于观众的心理需求和影响来说就相当及时了。这么多年,图文信息实现了交流,使视频网站火了起来;各类小网站非常丰富,微博依然能独占鳌头;短信QQ已经很好用了,微信还是后来者居上……直播为什么能火,根本的理由就是直播大大改变了信息交流的节奏和方式,以此为起点,一定会带来波澜壮阔的改变。

第二个问题:直播这么火,那么它究竟是一个工具还是一个产业呢?

当我们能够提出这样的问题时,说明不是人云亦云,不是门外汉胡乱下结论,而是经过了深思熟虑,开始思考直播的当下和未来,在观想直播是否能够像网游、电商那样成为市值千亿元的产业。据我研究和观察的结果,"直播"就像互联网刚诞生时一样,单纯讲互联网它是一个工具,但"互联网+"却是一个产业。同样的道理,"直播"是一个工具,但"直播+"则是一个产业。为什么呢?因为直播改变了信息组织的方式,但本身并不创造内容和价值。如果一个想做直播的人,仅仅是为了直播而打开摄像头,没有什么实质的内容和价值的话,并不会带来奇迹。比如,微博有内容,轻轻松松就能推起了一场直播,而花椒猛砸钱也没多大起色。前者是因为有长期积累的内容做基础,所以很容易成功。未来直播是一种标配,虽然技术门槛并不高,但对于内容和价值的考核却并不低。没有内容的直播仅仅把直播当成一个工具,而有内容的直播才是产业。未来能够笑到最后,做到持续红的核心武器就是"直播+"的巧妙组合。

第三个问题:哪些直播能更长久地存活?

一个新事物的出现,人们最关心的不仅仅是风口在哪里,还会关心如何飞起来,飞得高。直播行业的前景业内有普遍的共识,第一种观点认为直播平台除了巨头,其他刚入场的公司似乎机会不多;第二种观点认为更多的直播生存空间在垂直品类。我比较倾向于第二种观点,类似 BAT 这些巨头公司在直播上占有更大的机会不能断定。但垂直品类直播的机会则可以有一些预测:首先,垂直品类的直播易于变现,能圈来广泛流量;其次,直播的内容是高频需求,比如游戏直播会让很多游戏粉丝追捧;体育直播会让一些体育爱好者喜欢。所以,直播能不能活得好,平台很重要,而能够用内容锁住粉丝更重要。

第四个问题：直播的衍生机会是什么？

如果说人人都想依靠直播这个工具实现梦想，那么直播会很快因为参与者众多而变成红海，唯有抓住直播的衍生机会才能进入蓝海。首先，直播内容的生产者，他们将来会成为各大平台争抢的对象。其次，出现网红经纪人。因为每一个网红都是一个 IP，就像一个明星，能够包装和规划。如果有能力强大的经纪人给予网红操刀，网红变得长盛不衰将成为可能。最后，直播营销公司会崛起。未来由于直播的扩散，获取的流量将越来越稀缺，同时越来越碎片化，以后会分散在各大直播平台的主播身上。能够快速组织这些主播资源、结合商品策划直播形式的营销公司，可能会取代传统 4A 公司。

基于以上几个问题的探讨，我们明白，直播的逻辑很简单，就看谁能持续做好产品、好内容，满足消费转型下对产品市场化的新要求，从而实现盈利。

随着 5G 技术即将大规模商用，信息与人的互动关系势必将从过去的俯视姿态变成等量交换的模式，直播前景大有可为，会将更多的机会留给顺应潮流、顺应经济现状的人。

第一章
电商主播规律认知：爆红主播的本质是什么

● 直播对于企业的意义与价值

在开始直播前，我们必须认清直播对企业的价值与意义。如今直播已经不再是一种风口，而是成为一个企业的标配。尤其是伴随5G新基建的开始，更是拉高了直播在企业发展中的战略高度。简单来说，直播不是你做不做的问题，而是要如何做的问题。

直播、社群、新零售卖车、卖房、卖菜、卖水果、卖衣服、卖口红……"万物皆可播、皆可讲、皆可分享"，一部手机就是一家店。最直观的就是，做直播、社群营销、新零售软件的公司员工虽然也宅在家里，但是咨询、付费的电话打得手机发烫！不做线上直播、社群、新零售的公司老板和做直播、社群、新零售的公司老板，虽然同样上不了班，但是有了明显的不同。做直播的企业虽然员工不在公司，但他们依然在办公，他们不开门却在营业，他们不亏钱。而不做社群、直播、新零售的老板，却在惦记房租、工资和压的货款！那么直面很多企业老板的问题就来了，我们不是要不要开展直播的问题，而是要

考虑如何开展,到底是卖货还是干什么?如果直播卖货,那势必对代理商的利益形成冲击,如何规避呢?因为直播更多地面对C端,也就是直供的方式,所以我们到底如何开展直播更适合呢?

因此,想要开展直播的企业首先要搞明白意义与价值。我研究的结论是,对于企业开展直播,有三种目的:第一种叫客户服务。也就是把直播作为一种客户服务的通道,加快企业与用户之间沟通的效率,降低服务的成本,这是一种十分落地的战略方向。第二种叫品牌宣传。也就是把直播视为一种品牌传播的方式,通过直播传导企业文化及品牌精神或是老板个人的人格魅力,就像是马云每天的分享一样,你不过是通过直播分享而已,都是一种树立形象、传播思想、宣传品牌的路径而已,这种做法非常高效,也可以助推企业的线下合作商,为它们赋能。第三种叫作市场拓展。作为一家企业,市场拓展无非就两种形式,一种是招商,另一种是销售。招商就是分享企业的商业模式,发展市场合伙人或是渠道商;而销售就是带货,直接形成交易,完成产品变现。你可以根据自己企业的特性进行定位,无论哪一种目的的定位,都可以实现落地,关键的一点是,在启动直播之前明确自己的目的,清楚自己的方向是重中之重。

除了上面这些,我们还要明白直播对市场产生了哪些影响:

首先,直播使商业价值、供应链、品牌营销模式以及商家功能都在发生变化。最早的商业广告以推销商品或提供服务为目的,向消费者传播商品和服务的信息,使人们改变对商品的感觉,诱发消费者的购买心理。但这种传播方式不太占有优势,信息单向流动,针对性不强,并且缺乏互动。直播改变的

第一章
电商主播规律认知：爆红主播的本质是什么

正好是这种传统传播方式的劣式，直播有针对性，能提高互动性，聚起庞大的观看人数，也就成了信息传播极好的平台。企业无论是聘请网红来卖货，还是CEO自己亲自上阵，都能够帮品牌实现经济转化。直播的形式能够实现广告的展现+直接的经济效益。

其次，直播不限于卖商品或服务，更多的是实现与消费者的互动。直播在一定程度上弥补了传统大众传播的劣势，更加倾向于小众化、个性化甚至私人定制式的产品信息或服务，因此互动性将大大提升。直播之所以能够锁住人群，很大的原因在于直播使现场感更足，无论是制造话题还是对商品的介绍，群体动力更有助于传播效力的达成。视频直播的兴盛，使这一传播方式高度融合了大众传播、组织传播与人际传播的效能，兼具了覆盖面广和说服力强的优势。

最后，对企业的供应链要求更高。消费者之所以是上帝，是因为他们往往需要商品既有高品质又要有好的性价比，所以迫使企业的供应链要向着这个方向升级。传统时代要让消费者下单，最终还是看商品好不好，价格贵不贵。直播的方式，既能够帮助品牌节省运维成本，也能让消费者得到真正的实惠，让用户以超低价格购买到超高品质的产品。

明白了这些改变，我们看看直播这个趋势，究竟能为商家带来哪些价值和意义呢？

一、流量在哪里，生意就在哪里

2020年开年之初，抖音日流量突破4亿元，快手日流量突破1亿元，这

种不受地域、城市、年龄的流量红利，是经营实体无法想象的事情。如果说一家实体店一年的客流量突破100万元，就能笑着坐在家里数钱的话，那么再看直播几个小时就能赚几千万元，这是什么概念？没有对比就没有高下之分。所以，直播平台就是企业重要的流量池，流量有了还怕没有生意吗？所以，当你直播的时候，最直接的价值就是为企业引流蓄水，为后面的营销打下牢固的基础。

二、能够得到最有价值的一手数据

互联网发展到今天，各大品牌和商家都希望了解消费者需求，掌握消费者心理，但这个过程从收集数据到形成分析结果，最后上传到决策者手里，一般需要很长的时间，可能要经过4~5级人工处理。而直播不一样。企业直接面对消费者，看你镜头的是活生生的人，他们喜欢什么，心里需要什么，是最真实有效的一手数据，这可是非常珍贵的价值。品牌可以通过直播获得这种第一手数据，以此来驱动供应链按需生产。这带来的，是库存成本的减低和物流效率的提升。在未来，基于直播数据进行研发、生产、销售、品牌推广等各方面的事务将成为日常，直播将成为企业数字化转型的重要数据库和驱动力。

三、企业可以把任何人变成自己的销售员

在传统销售中，一个企业能够把董明珠、罗永浩招聘到自己公司做销售员吗？不是不可能，是太不可能。而在直播中则可以。直播中的销售员不但

有刘涛,还有李佳琦、薇娅、王祖蓝、罗永浩、李彦宏,甚至还有新闻联播的主持人,央视名嘴,各地政府的县长、市长,甚至田间地头有趣有料的大爷大妈,他们都可以成为一个品牌的代言人,成为一个企业的销售人员。这样的销售网络,给一个企业将带来多层面、多维度的完美触达。

四、促使企业向更精细化、专业化发展

对于企业和品牌来说,之前积极布局电商,但是不可否认电商平台的广告竞价,流量成本对于小一些的企业来说不堪重负,对于知名企业也很显吃力,电商进入了存量时代已经是不争的事实。直播的兴起已经成了促进企业品牌进行交易的兴奋剂,无论是大主播带货还是品牌自建直播平台,这都将成为标配。当然,人人都知道的事物,竞争就会更加激烈,直播同样如此。想要在直播中发挥效应,离不开专业化、精细化的运作,无形中会促使企业去做得更好,无论是产品和服务,要想赢得竞争就不能粗糙。

五、带来人、货场的全面重构

电商时代,大部分是"人"在找"货",即使有的企业可以通过大数据对潜在消费者进行实时推送,但真正使货与人完全匹配这个概率很小。直播完全扭转了"人找货",而变成了"货找人"。由于消费者的时间越来越碎片化,所以对于越来越细分的直播接受度会变得越来越强。直播企业品牌在产品策略上逐渐实现了"直播电商化",低单值、冲动型、高频快消品类(如美妆、服装、零食等)是最符合直播电商销售的产品,但是随着消费者的消费能力增

强，这些逻辑将会不断迭代。

以上这些就是直播对于企业的意义和价值，企业将来不是要不要做直播，而是如何做直播。只有做到精细化和专业化，才会吸引粉丝，粉丝多了自然会带来流量的价值，企业如此就有了竞争力。

电商主播有哪些类型

直播开始火爆，那么做直播的主播类型都有哪些呢？也就是市场中的网红，他们分别归类在哪一种属性中？当前线上的网红属性，我把他们分为四种类型：第一种是娱乐型；第二种是带货型；第三种是知识型；第四种是生活型。虽然这四种类型对外输出的内容都属于直播，但其路径有着很大的不同。因此，想要在这四种类型中脱颖而出，就必须要找到关键的路径。

一、娱乐型的直播

娱乐直播顾名思义就是以"娱乐"为主，这类型的主播要么凭颜值，要么凭才艺，大部分网红主播起源于娱乐直播。主播们通过展示自己的才艺来获得粉丝的关注，收取正在看直播的粉丝的礼物。而主播们直播的才艺种类很多，但是在所有的才艺主播中最多的还是唱歌、跳舞、乐器表演这几类。这类网红主播除了有过人的才艺，同时还有耐看的颜值。这类主播也是目前在网红

直播界混得较好的。

目前的娱乐直播正在进行行业洗牌,如何突破?靠颜值?靠才艺?靠卖弄?这些路径都已经做烂了,你必须要另辟悉径。想要找到这个点,就必须研究目标受众的根本需求。所有的娱乐主播吸引粉丝的根本点是什么?解决了受众什么样的需求?我总结出来的关键点就是解决了"嗔"这个需求。嗔是什么?就是感性,就是空虚,就是无聊,就是找感觉,就是找乐子。你就必须学会"在保持自己原则及底线的情况下,还能满足受众的需求,给受众一个想象的空间,让他隔着面纱幻想"。这个尺度的把握全靠自己的拿捏,这个尺度叫情商。你必须有绝对的与人链接的能力。如果你不是专业的网红机构,而是一家实体企业,娱乐型直播应该不是你选择的方向。

二、带货型直播

带货型主播的主要核心在于"卖货"。如何才能出头呢?你留意薇娅、李佳琦他们,就会发现,他们爆红的根本是为粉丝代言,为粉丝谋福利,为粉丝创造惊喜。你要想培养"带货王",就必须走这个路线,因为这是根本。如何为粉丝谋福利,李佳琦卖口红可以说是很典型,他直播卖货之所以很厉害,完全是因为实力宠粉。爱美之心人皆有之,特别是爱漂亮的女性,曾经有人说过,女人的钱是最好赚的。这句话并不是说女人傻,而是女人爱美,因此很多品牌大、质量好的美妆产品一直是女性们的追求。一旦看到好的护肤产品,女性们就开始"剁手"了。尤其当美女遇到自己的偶像在推荐产品,她们肯定会趋之若鹜。当一些美妆网红在网络直播平台上推荐美妆产品时,几乎很少有女性能抵抗住诱惑。这也是美妆网红那么火的原因。这类主播带产品简直毫无压力,不需要什么才艺,只要会化妆、会说话,除领取公司平台的工资以外,还可以赚取一些额外的广告收入,这也是为什么这类主播很有钱。带货型直播是"电商+直播"的升级版,一种是借助快手、抖音等短视频平台进行电商带货,另一种是依托淘宝平台的直播带货。这种模式的核心有两个。一个是要有内容。你的内容必须能打动消费者,要能使消费者从无到有产生消费的冲动。另一个便是流量如何变现的问题。在当下短视频平台大火的形势下,快手、抖音等平台获得巨大流量已是毋庸置疑,那如何将这巨大的流量进行变现,则是该模式下亟待解决的问题。

三、知识型网红

知识型网红,这个属性对于实体企业而言可能更匹配。这个类型网红的特点就是通过知识传播来吸引受众,导入企业的文化对粉丝进行教育。前提是你必须掌握受众的痛点、痒点、兴奋点,这样你输出的内容才会引发共鸣,有共鸣自然就会建立口碑。"知识型网红"的崛起,一方面是由于其独特的知识特质与身份符号、经验积累,他们满足了受众对于情感、工作等方面专业知识的需要,因而受到大众追捧;另一方面则是借助网络推手的宣传造势和传媒效应,"知识型网红"群体不断发展壮大。"知识型网红"反映了当前社会不同行业之间合作的不断加深、专业分工日趋细化的趋势,有着积极的意义。

"知识型网红"对于企业来说是一个信号,预示着在满足消费者物质需求之后,要更加注重精神生活的质量。对于"知识型网红",我们要做的不仅是

围观，更不能只是消费，更加重要的是以此为契机，不但要树立企业自身的学习意识，更要将对知识，尤其是创新知识的不断追求作为企业的价值观，这样才能跟上时代、跟上发展趋势。

四、生活型网红

生活型网红很容易理解，任何一个人打开摄像头，把自己感觉有趣的生活状态，好玩儿的人或事分享出来的就是生活型网红。比如，抖音和快手上有一些人播不同国家的生活方式，可以吸引很多粉丝。也有不少人选择父子档、母子档、夫妻档等形式，直播内容有一起健身的、一起跳舞的、一起拍搞笑小视频的，这些都可以归结为"生活型网红"的范畴。"生活型网红"采取的是自然战略，没有针对特定人群，如果有人喜欢自然会留下，没有关注也属于自娱自乐。也有不少"生活型网红"由于粉丝多，开始给企业或品牌卖货，或者主播连线PK实现营销的目的。

从上面四种网红主播的类型来看，"娱乐型网红"走的是娱粉战略；"带货型网红"走的是宠粉战略；"知识型网红"走的是洗粉战略；"生活型网红"走的就是自然战略，抓住了这条主线，你成为网红的目标就指日可待了。清晰地掌握以上规律后，你就掌握了爆红的道，也就是触到了爆红的本质。接下来，你要做的事就是角色的定位了。同样都是带货，同样都是知识传播，同样都是娱乐主播，最终结果不一样，其中一个重要因素就是角色的定位。角色定位清晰，你就很容易扮演好这个角色，就能出彩。

第一章
电商主播规律认知：爆红主播的本质是什么

● 不同的主播满足观众哪些需求

有句话是这样讲的：凡是爆红的东西，肯定是满足了不止一个需求，而是叠加了满足多种甚至多个层面的需求。直播就是由于满足了公众的需求，所以才会爆红。消费者的需求随着社会发展的变化而变化。比如，只有纸媒的时代，书籍和报纸是人们的消遣和提升文化知识的需求；到了电子技术发达的时候，人们开始接触的媒介变得多样化、娱乐化，媒介不再是那些知识分子的专利，书籍和报纸也不再是唯一的媒介产品，与之相适应的是收音机、电视机满足了人们的最大需求；网络时代的今天，智能手机＋互联网，人们接受媒介的途径广泛而纷杂，各种猎奇、消遣、娱乐都有了不同渠道。而直播正是这个时代的产物，是应势而生的一种新媒介。结合了网络的广泛传播性和电视直播的方式，使得人们仅仅看人直播吃饭也能津津乐道，直播兴起带动了一种网民泛娱乐化的社会风貌。

越是媒介泛滥的时代，人们会对现实更有压力，于是大部分的人常驻网

络，思维方式和行为方式都被大量碎片化的信息塑造。刷手机很无聊，不刷手机更无聊。而直播正好满足了这种无聊，或者说可以让观众能够排遣无聊。直播同时集大众传播与人际传播的长处于一身，是之前媒介所不具备的。无论是纸媒还是电子技术，甚至是互联网刚刚兴起的时候，网民的参与度总是困于现场缺失和时间不同步。而直播这种方式恰好解决了这个问题，传受互动、反馈及时，观众能体验到现场感、真实感和及时参与感。而直播又不同于直接的面对面交流和单纯的视频聊天，这种传统人际交流以传受双方互为主体，而且直播有一定的中心——主播，一方面，主播相当于大众传播的传送者，主宰着直播的节奏、内容；另一方面，主播又是每一个直播间的特色标签，好的包装可吸引更多受众前来观看并送礼。

所以，无论是什么类型的直播，之所以火爆是因为满足了不同观众的不同需求。具体满足了哪些需求呢？

一、使观众有了窥探的快感

很多人喜欢追星，喜欢新奇的事物，尤其喜欢探视他人的生活场景，从而借以投射到自己的生活中来。虽然网络世界无奇不有，但很少有个人议题和谈话议题，而直播内容的生活化、私密化弥补了这一心理空缺。这使得直播这个方式一上来就很容易被人接受。不少人喜欢看娱乐直播、真人秀节目，主要是因为能够实时地、近距离地观察主播。尤其是颜值高的帅哥美女做直播，会感觉主播很生动并且近在眼前。移动端直播，主播更多出现在日常生活的环境中，比如家中、学校、超市，等等，让用户觉得真实可信。如果是明星直播，

第一章 电商主播规律认知：爆红主播的本质是什么

会让原本隔着屏幕、无法互动都会尖叫的粉丝，满足了近距离和明星互动的心愿和窥探欲。

绝大部分人都对未知的东西感到好奇，对于自己从未见到的东西，都喜欢去关注，这是人的天性。目前看直播的人群中，有很大一部分都是为了满足好奇心理的。很多比较奇葩的事件及其他人的日常生活，就容易受到关注。奇葩的事情比较容易吸引人，其他人的日常生活，这往往需要播主有一定的特色，比如颜值高、生活环境独特等。如果一个人的生活太普通，自己本身也无啥亮点，那就没什么人关注你。这很容易理解。用户看直播，不仅打发了无聊时间，消耗了剩余精力，还得到了信息、陪伴，填补了空虚，满足了窥私欲。爱送礼物的"土豪"们，则满足了虚荣、炫富的心理。优秀的主播可以吸引观众，而大量的观众又能给主播以精神和物质的回馈，二者相辅相成。

二、满足了人们的人际社交需求

人是社会动物，总能对媒介中的人物产生心理上的人际关联，而与网络主播所建立的联系互动机会更多，真实感更强烈。真人直播更是一场以主播为中心的社会活动。主播会特意关注经常来直播间、给自己送礼的用户，同时也会关注新的用户，提醒他们加关注。主播可以在直播间看到用户谁进来了，谁离开了，谁在评论谁在提问，谁在送礼物等。主播还可以对观众提出来的要求尽量满足，比如跳段舞、唱几句歌，让用户感受到非常强烈的参与感。还有一种可能，很多看直播的用户，大部分都属于"孤独和空虚"的人。他们因为不

太忙或缺少陪伴才会拿出大量时间看直播,尤其主播选择固定时间段直播,会和粉丝天天同一时间见面,促使用户像守在电视机前等电视剧播出一样。这样的社交形式缓解了观众的空虚和孤独感。直播字幕上的弹幕加上直播间配上一些群体"魔性"的笑声,会给粉丝一种集体狂欢的社交体会。直播说得更直白一些,更像是一个小小的"社会聚合"。一个主播在粉丝们的围绕下,形成了一个强大的仪式感,这种仪式感带来的最直接感受就是集体认同感。这又大大拓展了个人的人际关系渠道,同时使个人获得一种社会归属感。

三、满足了观众的身心娱乐

大部分看直播的人都是玩的,根本的、核心的需求就是收获快乐。无论是看别人直播搞笑或猎奇,还是因为看直播感觉抢到了便宜货,最终指向的都是自己收获到了快乐。因此,各大平台的直播都会有一些才艺表演、搞笑段子。最初的直播,主要以美女为吸引点,但是现在很多男士逐渐成为直播的热门,尤其是那些有才华、能说会唱、能演会带动气氛的男士,他能够给围观的人群带去快乐。

四、通过心理暗示吊起观众的饥饿感

直播的主播们可不像观众那样"无聊",他们做直播是抱持最大的目的性,那就是以"娱乐"的状态切入,最终达成"营销"之实。主播们在卖力地讲,动情地演的过程中无非是想给观众一些心理暗示,让观众掏钱购物。他们在直播中会反复说:太好吃了,非常好看,超级便宜,抢到就是赚到。这些信

息的不断重复,人们的心理会被暗示,会不假思索地对主播的话产生信任,容易在这种吆喝下冲动下单。尤其看到购物链接里那种抢购的神速与下单者的踊跃,观众会情不自禁地也抢一个为快。这是一种"饥饿营销"方式,很多主播会在产品上架前不断提醒观众"即将上链接""大家做好抢购的准备""拼手速,货好慢无""库存还剩多少"等等,这会让观众产生心理紧迫感,生怕自己抢不到,然后自然而然会去抢,就是这个道理。就像去超市,看到有很多人围在一起选购产品,人们就会情不自禁地走上前。类似地,看到其他人从直播平台买到了划算的产品,便也想跟风购买。作为社会化的动物,人类需要一些从众的行为去与其他人保持一致,来适应、顺应某种社会潮流。从早期实体店购买到网店购买,再到直播间与主播互动式购买,这些消费方式的变化体现着群众跟风尝试—接受—成为习惯的过程,最后顺应趋势。

五、满足观众好好学习天天向上的感觉

直播的类型不同,观众也不同,不是所有的观众都是为了购物,还有不少小伙伴都是好学的人。他们会选择自己感兴趣的知识圈子来提升自己,找到那种好好学习天天向上的感觉。原本在娱乐的时间里,如果看到自己感兴趣的知识可以学,那肯定会驻足围观学习,现在这类型的直播也是比较火的,涉及健身、护肤、服装搭配,等等。比如在淘宝、快手、抖音平台上,很多主播在播健身方法、护肤方法,通过这些方式来销售自己的产品。

直播对于用户不同心理需求的满足。用户看直播,多数时候并不是有目的地去看,只是为了打发无聊的时间,找点刺激。相比于传统的社交工具,直

播无疑在各个维度上都具备绝对优势，因此，直播就成了首选。用户看的每一个节目大部分都是很随意的，很多人只是因为一个节目比较有趣，于是过来围观。也许等到以后，大众都开始习惯于在直播平台上沟通交流，那个时候人群更深层次的需求就开始渴望被满足，那或许会让直播走得更远。

第一章
电商主播规律认知：爆红主播的本质是什么

● 主播的价值定位是什么

有个词儿叫"人设"，好的人设就是资本，一旦人设崩塌就会失去很多机会。在娱乐圈这样的状态屡见不鲜。"人设"是一个中性词，从某些角度来看，这并不是个褒义词。对于主播来说，无论是不是明星，是不是网红，主播的人设就是自己的风格定位，也是产生魅力吸引粉丝的来源。简而言之，就是需要粉丝大众们对你有一个初步认知和印象。主要表现为性格，穿着妆容，以及行为举止等。所以，要想成为一个优秀的主播，除必要的技巧之外，个人的定位塑造也极其重要。同样都是带货，同样都是知识传播，同样都是娱乐主播，最终结果不一样，这其中最大的因素就在于主播对于自己角色的定位。角色定位得清晰，你就很容易扮演好这个角色，就能出彩。于是，我们就要清楚，到底有哪些角色可供选择呢？比如薇娅的角色定位是粉丝领袖，超级买手，砍价团团长，她的责任是帮粉丝采购最优质最高性价比的产品，为粉丝说话，帮粉丝谋利。李佳琦的角色定位是一个产品的使用者，也是厂家的客户代表，他是一名产品效果的见证人。他告诉粉丝和观众如何使用某款产品,然后带来了哪些效果与变化,这就是他的角色定位。李佳琦曾表示:电商产品会有权重,比如一支口红刚刚上市,在一个月内完成 10 万笔销量的话,权重会上去,然后在一个淘宝首页浮现出来,更多人能看到这支口红。但是一个新品如果要一下子完成 10 万笔销量是很难的。这时候很多品牌会选择在李佳琦直播间,因为一场直播 5 分钟就可以帮助他完成 10 万笔销量,所以他们能拿出最低价,让他们做到品销合一。如今李佳琦不仅做直播,也帮品牌做产品推广,一个全案报价上百万元。在"3·21 直播购物节"上,李佳琦就为某汽车品牌进行了活动推广,当晚直播间总人数达到 1486 万人,曝光度可见一斑。

"知识型网红"的角色定位也有很多种,比如有的知识型主播把自己定位为人生导师,对观众的生活进行答疑解惑。还有的"知识型网红"把自己定位成一名求学者的姿态,他会跟观众分享自己的学习或是成长的感悟。他只是分享者不是高你一等的导师。罗永浩作为一名知识型的主播给自己的定位是——知识分子、连续创业者、科技领域 KOL、锤子科技创始人。科技产品与美妆、百货有本质上的不同。比如手机行业竞争白热化,如果能帮助一款新品更早地进入大众舆论中心,完成产品定调,相信品牌方很乐意为此付出更高溢价。有时候卖货只是顺带。很多 500 强企业找罗永浩,不要求销售量,只要求介绍优质新品就支付品宣费用。这就是罗永浩作为一个知识型主播产生的价值。

"娱乐型网红"的定位也有很多种选择,定位自己为一个邻家小哥、小学妹、专业演员、业务导演,等等。总之,不同的角色定位,就会收获不同的受众,直播的方式及变现路径也当然不一样。这就是直播定位产生的价值。

第一章

电商主播规律认知：爆红主播的本质是什么

无论是娱乐主播还是电商主播，风格与定位是很关键的要素。精准的自我定位和区别化对初期的塑形是很有用的。作为一个电商主播，起步阶段你不能今天喜欢美妆类，明天又喜欢服饰类，这样时间久了很容易迷茫。术业有专攻。根据自己的喜好、特长选择一个能够长期作为输出内容的类别，这样自我的辨析度就会鲜明很多，对于观众来说也会对你有一个固定的标签印象。有了初期这种定位以后，还要有自己的风格化。就像前面我们讲的那样，同样的明星，有的卖使用化妆品的心得体会以此来带货，而有的是推荐不同商品来实现带货，这就是各自的风格化。

一个优秀和成功的主播，一定要有自己的风格和话术，往大了说是一种艺术概念和风貌，这个不经过专门的培训和包装很难短期内实现。但也有一种简单的说法，风格就是让观众一看你的直播内容，他会产生一种强烈的独特感觉，这个感觉可以是喜感，也可以是怪异感，无论什么都好，要相信，有鲜明的风格就一定不会缺流量，只是时间问题而已。

知道了风格下一步就是如何找准自己的风格呢？切勿觉得别人搞笑自己也去搞笑，一定得有幽默感才行，否则只会显得不伦不类。风格可以理解为个性、观念、表达方式或动作等。把风格具体化到这些点上，也就没那么难了。但最重要的一点是自然而真实，把自己不具备的特质去强行地展现出来是没必要的，观众也会反感。风格这东西没有好坏对错，并不一定要去追求特立独行，只要敢于去用自己的方式去展现去诠释内容，让观众感觉到你的真诚与特点就是最好的风格。

主播的风格和定位一旦深入人心，无论是带货还是给别人带去快乐或知识的分享，都将产生价值。

● 做直播，你到底想要什么

无论做什么，在着手进行的时候都要问自己两个问题：凭什么，想要什么？凭什么是自己的资源和能力；想要什么是自己的目标和愿望。做直播，提前想好要什么很重要。要不然，盲目跟风就是想露个脸，感受摄像头前自己的样子，成不了什么气候，而且也不会有什么粉丝，因为你自己都没有想清楚要什么，又如何直播有料、有趣、有内涵的东西呢？

我们为什么要做直播？理由很多：提升个人知名度、打造个人品牌形象、进行网络获客、额外变现收入，展示个人才艺……所以，在直播之前要对自己有规划，而不仅仅是坐在摄像机前讲话而已。

在各大直播平台里最赚钱的就是流量结合电商思维。很多人匆匆忙忙入圈，只是看准了流量，却没有想好怎么做闭环模式，做电商，进行付费交易。这也提醒着我们，从此刻就要做个有目标的人，凡事预则立，不预则废。秩序背后对我们的要求越来越严格。但是万物本质都是有迹可循。我们就要快速学

第一章
电商主播规律认知：爆红主播的本质是什么

习，做那个懂得游戏规则、有底层逻辑的人。

可能很多人并不知道自己想要什么，于是做直播要么跟风几天不了了之，要么做得很吃力却无法突破与成长。如果没有目标，该如何寻找自己想要的呢？

第一步，笃定接下来你要走的方向，比如自己擅长画画或唱歌或跳舞，无论任何一种才艺，只要你想让自己扩大知名度，就写下来作为突破口。

第二步，决定全力以赴为一件事，就让所有人知道你在做这件事，就让所有人从你身上感受这件事的气息文化。比如在直播之前就要有所铺垫，向着自己擅长的艺术才能方向打造。

第三步，想出三个关键点。如：你最擅长的三件事情，你做得最久的一件或两件事，你最喜欢的事。想到关键点以后再回头来做减法，找到一个不讨厌并且自己觉得可以坚持的事情，定为标签，不要贪多。一旦这个方向定下来，就深入挖掘，深入发挥，多方传播，只认准这一个标签。比如李佳琦是卖口红起家，口红是他的标签，但他现在什么都卖，他再做任何的产业，信任度就很高。

所以，记住：你所做的事情，也许暂时看不到结果，但不要灰心，你不是没有成长。只要知道自己想要什么，然后找到一个适合自己的方式，一步一步去做就会成长。

个人要知道自己想要什么，企业做直播同样如此，也要知道自己想要什么。企业做直播，我主张的是要去展示产品、去说明产品，但不卖。是教育，是告知，是让客户明白，让客户懂得专业的东西，然后去展示自己的文化，自

己的理念,不卖才是真正的卖。企业通过前期的展示和说明,等于是在打造标签和 IP,最后才能使直播产生更大的效应。如果企业还只执着于销售,被时代所淘汰是早晚的事情。销售不是不可以做,但如果只是想着卖货,而不想其他更有价值的东西,那么终究不可长久!应该多想想自己要表达什么,展示什么,而不是直接销售什么。

本章节探讨了主播的概念和类型,分析了目前常见的网红主播都有哪些规律,以及直播对于目前各企业的意义和价值。直播正处于风口,期盼着能够站在这个风口并实现飞跃,就要知道自己做主播想要什么,并且如何输出价值。只有做到知己(自己有什么),再做到知彼(消费者需要什么),才能掌握主播实质,做到依靠网络直播实现赚钱效应,同时也能够把自己打造成爆红主播。

第二章

电商主播的基因与路径：爆红的基因你有吗

● 哪些人、哪些 IP 有机会爆红

任何一个新生事物能够迅速得到认可并占有市场，都离不开天时、地利、人和这三点。直播同样是这样。如果说在 2020 年之前就有了直播的话，直播还仅仅属于一些游戏直播、娱乐直播或美女直播的范畴。而 2020 年开始，疫情让很多人"宅"在家里，无论是普通人还是名人，在"无所事事"的状态下必须"有事可做""有钱可赚"，于是直播成了大家吸金的最好方式，这就是直播爆红的天时。而直播平台纷纷布局和设计，无论是请明星还是企业 CEO 自己上，直播平台开始遍地开花，这就是直播爆红的地利。人们纷纷看到了直播这个领域是大有可为的事，所以各路人马纷纷入局，秀出各种直播打法，可谓直播赚钱百花齐放，这是人和。

2020 年把"直播电商"推向了极致，就像 2003 年"非典"以后淘宝和互联网拉开时代大幕一个道理。"直播+电商"的爆发，已具备天时、地利和人和的条件：

第二章
电商主播的基因与路径：爆红的基因你有吗

天时：当下经济状态是网红经济火热，直播内容风靡，移动互联网普及，消费升级加速，这为直播电商创造了不错的大环境，之前人们就研究过T2O模式，因为不具备这样的天时而没有发展起来。

地利："直播＋电商"不仅仅是之前视频网站或电视台的专利，也是各大主流电商平台开始不约而同在大力投资的新兴业务，主导者从媒体变为电商平台，则会有完全不同的结果。扎根于电商平台的直播电商，在基础的用户和商家体系上，能提升商品（服务）与人的连接效率，火是必然。

人和：直播电商最宝贵的资源是流量，而且能够建立流量闭环。电商平台的战略就是内容化、社区化，都是为了能够吸引流量和锁定流量。对用户而言，直播有利于购物决策，让电商购物变得更有趣。对商家而言，直播电商提升了转化率、增加了销售额。大家都能得到各自想要的，为直播电商创造了"人和"的条件。

当天时、地利、人和都具备的时候，主播就有了爆红的基因，电商平台是这样，主播也是这样。淘宝一姐薇娅为什么能红？原因有三：其一，三年前淘宝直播刚一推出，她就率先入驻，是第一批"吃螃蟹的人"，这是天时；其二，淘宝作为平台方想要把直播带货引爆，就必须要树立榜样，而勤奋肯干爱钻研的薇娅理所当然地成为平台主推的对象，这是地利；其三，薇娅本人是一位服装卖手出身，善于选品，同时又有杜十娘的义气，愿意为粉丝争福利，于是粉丝就特别喜欢她甚至依赖她，就是人和。简单来说，还是老祖宗的结论，成大事者，必应天时，必占地利，必得人和。天时地利人和，大事可成也。

当下,直播不再只是一个风口,而是一种新的生活方式,5G技术的普及将更加助推直播的趋势。直播已然成为企业的标配,人们的习惯,这是最好的天时。就像你要问我种一棵树最好的时间是什么?答案是10年前或是今天。从整个直播的行业来看,当下还是以头部平台为主,而新的平台会以全新的方式进入这个领域,并将最终改变行业的布局。而那些新的平台也必将举全力以立榜样,只要平台的属性与你的定位一致,那么就全力在一个平台占位,这是选定位置的第一种维度。另外,1.0的直播都是在直播间完成,而2.0直播将在荒郊野外、高山流水、田间地头进行,也就是自然场景上的直播将成为新的潮流,你可以快速地占据这种就地直播、素人直播的有利位置,捷足先登。这就是地利。另外就是人和了。这就要关乎到个人的素质与修养,深度掌握受众的需求,抓住受众的痛点、痒点、兴奋点,并设法激活受众的欲望,也就是贪嗔痴,做到比受众更了解他自己。同时你不仅要有职业的造诣又要有亲人般的亲和,那么爆红非你莫属了。

现在的状况不是讨论直播电商会不会爆发,爆发是一定的,从各路明星纷纷加盟来看就可见一斑,而是要看在天时、地利、人和都具备的时候,还有什么是要考虑的。我认为是技术,让用户在看直播的时候能有很好的购物体验才是关键。不然看的时候很开心,但是单子不好下,买了产品又质量不好,售后也跟不上,这样怎么能够增加转化效率呢?

技术难题一般有这几项:

一、语音的处理

直播最直观的是说话，电商直播就是主播在解说某个商品时能够及时出现商品链接，观众就可以加入购物车，眼下大部分平台很少做到这一点。比如聚划算是采用语音口令帮助观众下单，在主播公布语音口令之后用户可通过聚划算 App 口令，进而获得优惠、购买商品。这让用户在观看直播中有消费欲时购物更便捷，提升了转化效率、丰富了互动方式。

二、图像的处理

未来的直播不只是局限于直播间，可以说是随时随地都能直播，如田间地头，工厂码头，如何让主播在展示某个商品或到达某个地方时，可以通过图像识别技术探测到对应商品，进而推荐给用户方便购买，真正能够实现边看边买，将非常考验图像的处理技术。

三、让直播平台变成开放型的平台

当下"电商＋直播"虽然都开始布局并且做得也都不错，但大部分套路都是大平台邀请网红或明星来直播，并没有将直播电商开放给平台上的商家。直播电商普及只是时间问题，其未来一定会开放给商家。一方面，平台组织的直播活动，商品可接入获取订单，比如网红戴了某个耳环，直播界面就会自动出现商家商品。另一方面，商家可在商品页面接入直播能力，自己邀请达人，或者自家助理、专职主播上阵来做主播，承担起"促销＋导购"的角色，未来登

录淘宝进入店铺或商品，你可以选择看直播。

所以，真正能够使直播红起来，不但需要顺应天时、地利、人和的大环境，更要积极放眼更久远的未来。提前解决一些技术上的问题，最后实现不但自己能够直播带货，将平台打造成直播平台，同时还可以让直播无处不在。这样就会有机会红起来，而且红得长久。

明星名人直播，卖点在哪里

自从直播火热以来，关于明星直播的话题屡屡上热搜。被称为"国民好媳妇"的刘涛，在直播首秀中，3 小时带货 1.48 亿元，后有任嘉伦与薇娅合作，进行了一轮"调皮可爱风"直播，直接收获了议论好感度，再加上范冰冰、李小璐引起话题的明星，明星与直播这两个词的组合，如此密集地出现，一定会引人注目。无论是大红大紫的明星还是普通的明星，都纷纷与平台合作，看看这么多明星上直播，动不动就带货几千万元，几个亿元，直播+明星这件事不言自明。搜狐 CEO 张朝阳曾接受中新网等媒体采访时称，他于 2020 年 6 月 8 日在搜狐视频直播带货。他表示，"跟我们合作的明星很多，我们有了电商的能力，他们(明星)顺便带一下货，这是以后的计划。"

可见，直播有看头，明星有卖点。那么，明星的卖点在哪里呢？

一、明星的名声和粉丝是引流带货的基础

相比普通网红，明星已经形成了一个固定的人设和形象，靠影视或歌曲作品积累了一定的大众影响力，在直播的过程中更容易与用户打成一片，也更容易将产品和品牌植入用户心里。以演员刘涛和陈赫直播为例，刘涛在娱乐圈本身就有"种草达人"之称，在真人秀节目《花儿与少年》播出后，刘涛的同款收纳袋瞬间在网上走红。随着综艺节目《亲爱的客栈》热播，"刘涛同款帽子""刘涛同款大衣"也在淘宝上成为热门搜索词。平台方之所以纷纷请明星入驻，是为了将直播带货的影响力扩大到更大的圈层。对于直播平台来说，这些已有固定受众和粉丝群的流量明星，成为它们开拓新市场的重磅武器。

二、明星的名人效应能增加品牌曝光度

明星不像普通人，本身自带光环效应，有了粉丝经济和名人效应的助推，明星直播带货能更容易获取流量和话题度，从而为品牌增加曝光度。早在刘涛直播前，她就已经凭借众多老少皆知的影视作品，有了一定的知名度。而陈赫在抖音早已经是顶级流量，常常位列抖音明星榜的前三位，其直播中下单用户的新老粉丝比例可想而知。在刘涛的直播首秀中，刘涛教大家跳女团舞的话题一度问鼎热搜榜。大范围的曝光之下，品牌和商家们成为最大的赢家。刘涛直播期间，39个商家46款商品参与，平均每个店铺访问人次高达112万，其中92%都是新客。在明星们巨大的流量加持下，粉丝力直接转化成消费力。平台们一方面致力于打造"带货明星"，另一方面也不断推动"明星带货"战略，

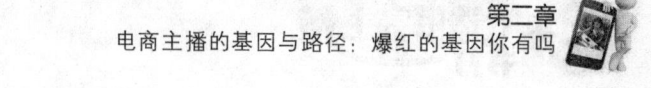

第二章 电商主播的基因与路径：爆红的基因你有吗

各大平台间对于头部明星主播的争夺战也已打响。

三、平台与明星成为双方受益关系

无论是实力派演员、歌手，还是粉丝巨多的流量网红，强大的影响力和号召力早已累积下非常多的潜在观众和客户。在传统的商业模式中，明星往往通过商业代言方式进行变现，这也会带来不少的问题和争议。比如明星与自己所代言的产品没有产生契合度，或者产品出了问题明星甚至会承担连带责任。网络直播让明星的真性情与个人魅力，直接、真实地展现出来，明星通过"现身说法"的方式，为商品或服务"背书"，也为直播带货带来充满诱惑的强大号召力。由此可见，直播带货对明星个人来说，除能比较轻松（相较于演戏等）赚取出场费和带货提成的显性收入之外，还能通过晒个性、晒品位，获得不少好感度，可谓有百利而无一害。

四、带动更多创业品牌走向线上

明星直播带动效应很明显，未来不仅仅当红明星会参与直播，普通明星也会越来越多地做直播。相对来说直播带货的门槛也是越来越低，加上在确实具有广告效应的同时还能带来直接的销售，这种"立竿见影"，更是会刺激品牌方的投入。所以会有更多的品牌通过直播带货销售，有的可能就是为了影响力和知名度，但是更多的是为了销售。未来完全不走直播带货的品牌将会比较少。目前还不是直播带货的主流选择，因为明星希望做有品牌有影响力的产品，但是随着参与的明星越来越多，可供选择的大品牌也就越来越少，这个时

候因为还有坑位费，加上主播费用和平台费用，一些大品牌不一定能够满足要求。所以对于优秀的创业品牌，将是一个机会。即使用不起大牌流量明星，一些腰部主播和素人直播同样可以带来一定的销售量。

当然，虽然明星带货有着天然的优势，但对于电商直播而言，不仅仅是一场简单的流量运作，而是人、货、场等多个环节的协调统筹。这其中包含了平台、用户、主播、MCN机构、供应链、品牌方、内容电商整合营销机构等多个产业链端口。明星的卖点不少，但也不无"翻车"的可能，因为直播是一场素质和素养的大考验。明星在直播间如何说话，如何与观众互动都体现了自身的综合素质。一旦做不好，很容易给企业和品牌带来不好的影响。

所以，明星直播是当下的热点，不一定是未来的热点，能够爆红的不一定是之前就红的，明星直播也不可能是永远红的。找对自己的基因，有针对性地去布局和操作才是理智的选择。

第二章
电商主播的基因与路径:爆红的基因你有吗

● 爆红的基因有哪些

前面我们谈了明星直播具有天然优势和卖点,普通人也有爆红的基因,如果找到这个基因,也会在直播这条路上走得好、走得稳。

一个人做一件事,想要有所成就,就必须符合以下条件:首先,这件事必须是你的兴趣所在,就是你爱好这件事。当一个人爱好一件事时,就会自动自发地钻研,兴趣才是最好的老师,这也是成功的基础。其次,有了兴趣还不够,有些人做一件事,总是匆匆上阵草草了事,虎头蛇尾。还有些人开始做事就一直抱着既定的目标,苦苦地坚持,结果不仅没有达成自己想要的,还伤了自己的信心。根本原因就是没能在这件事上找到乐趣。就拿讲课这件事来说,2009年我决心拿起话筒时,是冲着自己的兴趣开始的,但兴趣很快就被残酷的现实所打消。正在准备放弃的时候,我找到了讲课的乐趣点:对着一群人说话,能影响别人的思想,这是一件多么有意义的事。于是,我一开口讲课就很兴奋,因为讲课不再是我谋生的方式,而是不断地通过影响别人的

成长创造出了成就感。这种感觉慢慢地就形成了乐趣。有了做事的乐趣后，你就不会感觉累，无论遇到多少困难，都会把它当作是一种新的挑战，打怪升级的感觉多爽。所以我经常告诉身边的朋友，做事情时别提要坚持，只要你说在坚持而不是在享受，那么，一定是你没有在这件事上找到乐趣，凡是从事有乐趣的事，都不会感到累。当然这也是成就一件事的本质原因：无乐不成事。

做直播更是一件需要兴趣的事，如果你的性格属于很宅、很安静的人，不喜欢吵闹的环境，更不喜欢与陌生人互动，那么就不可能在直播上产生兴趣。因为跟自己的兴趣和性格不符。只有先建立了乐趣才能慢慢升华成志趣。

志趣就是人生的志向与生活的乐趣合二为一。这是人生最最幸福的状态。因为你无须等到财务自由再做自己喜欢的事，而是你做自己喜欢的事达到了人生的巅峰。一个人喜欢旅游，就把旅游变成了志向，写出了游记，成了网红。一个人喜欢做菜，就把做菜变成了事业，编辑菜谱，分享做菜，也成了网红，名利双收，这就是志趣的成果。因为有志趣的存在，你才会从业余走向职业，从普通走向不凡。比如，网红李子柒，就是因为喜欢做菜，喜欢中国的传统文化，喜欢研究，才能在一针一线、一草一木、一茶一水中做出中国味道，才能透过屏幕让我们看到那样的诗意和美好。如果没有志趣，又怎么不厌其烦去在这看着烦琐的事情上动心思呢？

所以，请你问问自己，当下有没有把生活中的乐趣与生命的志向并轨，如果已经并轨了，那么恭喜你，你必然会有大成。如果还没有并轨，那也不着急，时间会帮你修正这些。

有了以上的基因,接下来就是要建立成为网红的特质了。

网红的特质,我总结为三点:信心足、善屏蔽、日精进。

一、信心足

想要成为网红,信心是必定要有的。信心比黄金都珍贵。有信心才会有死磕精神,互联网创业也罢,传统创业也好,没有这个精神,就没有成功的条件。创造微信公众号"夜听"的刘筱就是这么一个人。4年前,他决定每天22点分享一个情感的段子,这个创意并不伟大,做这件事也并不难,难就难在每天都做一件事,死磕1000多天,才造就了今天的"夜听"。

同样是4年前,有一个叫罗胖的人,每天通过语音在早上6点分享60秒的短句,持续4年,创造了一个奇迹,后来就成就了"得道"。这个名字其实也是告诉我们这就是道。

道是什么?就是信心和恒心,是有了目标然后不懈地坚持,这就是道。在成功规律上,有一个10万小时定律,就是你在一件事上死磕10万小时,必成。如果没有坚定的信心,你又何来的死磕呀!所以,信心才是成功的源头。

二、善屏蔽

这个词很重要。而且是网红或是名人的专属词。一个人的名气与非议是成正比的。你只想到了成名后的美好,却忽略了成名后的舆论。成名的代价或许就在这里。你要面对一群不理解的亲友,你要面对一群谩骂你的人,你要面对铺天盖地的非议与不友好的言论,你准备好了吗?

一只青蛙在参加爬塔大赛,塔很高,途中很多对手往下一看就晕,然后掉下来摔死了,最后这只青蛙很幸运地获得了冠军。记者采访它的获奖心得:你是如何做到的?"我眼睛不好,不知道塔到底有多高,所以也没有恐惧;我的耳朵不好,听不到对手摔下来的惨叫声,所以心里也不慌乱。我就慢慢地向上爬,结果就成功了",青蛙回答道。原来成功的秘密就是:装聋装瞎作哑。

你想要成为网红,你就必须学会屏蔽,不理会那些消极的、不利于自己发挥的信息,这才是关键点。当然这个能力是需要经历才能修炼出来,这就是历事炼心吧。

三、日精进

精进是佛家修行的法门。精进就是每天进步一点点。进步的前提是自知与反省,每日三省吾身,就是一种精进的方式。做直播,你不可能一下子就是驾轻就熟,但你需要的是今天的直播比昨天进步一点点,这一点可能就是一句问候语,可能就是一个关键词,也可能就是一个标志性的笑容又或是一个动作,总之你必须逐步优化、日日精进自己,你才有可能在这个领域成为行家。

具备了信心、屏蔽了干扰,再加上不断地进取与坚持,无论做什么都会有成绩,这就是直播爆红的基因。坚持朝那个方向努力,绝不半途而废,这种精神本身就非常可贵。尽管不能完全守戒,但要有努力去遵守的愿望,有非遵守不可的想法,没能遵守时真挚地反省、自责,这些是非常重要的。想要提升心志的愿望以及付诸实践的过程,这才是真正可贵的,能够磨炼我们的心志。因为这顺应自然的规律、符合宇宙的意志。

普通人爆红基因的"三自法则"

在直播火爆的今天，不是只有明星可以赢得粉丝，每个普通人都可以通过直播秀出自己，然后爆红。前面我们讲了自信心、屏蔽不利影响以及精进，与之对应的还有三自法则。如果能够认认真真悟透学会三自法则，那就如有神助了。我总结出几乎所有的网红的共性有三点，分别是：自嗨、自恋、自律。

一、自嗨

你一个人对着镜头讲话，也不管直播间有没有粉丝，先要自己嗨起来。你必须自带能量、自带气场、自带音浪。就是要有自言自语神经质的感觉，还要绘声绘色地表演出来才行，这其实是一个演员必须具备的能力。可以这样说，直播还可以训练出你的演技呢。为什么要自嗨呢？因为只有先带动自己才能带动他人。这也符合吸引力法则，如果你在打算做直播的那一刻，自己都无

法取悦自己，说话声音低小而胆怯，对自己的形象不自信，甚至觉得是浪费时间，那又如何迈出直播成功的第一步呢？你带着一种什么样的情绪和目的发出这个念头，这种情绪、思维、念头，也都伴随着能量的振动，会把与这个思维、能量相关的东西吸引到你的生活中，帮你实现愿望，这就是风靡世界的吸引力法则。演员蒋欣做客《金星秀场》时谈到，她之所以能够扮演华妃一角而声名大噪，纯粹是因为"自嗨"的结果。最初接到试镜通知的时候，蒋欣试镜的角色是曹贵人，但在片场当别人都赞叹"华妃"一角写得太出彩的时候，蒋欣对大家开玩笑说："我演的就是华妃。"她自认为的一句玩笑，后来接到了导演和剧组的电话，真的让她出演华妃一角。后来就有我们看到的蒋欣扮演的集"狠毒、美丽、独断、可怜"于一身的华妃娘娘。所以，直播也是如此。你敢坐在镜头前，哪怕直播间没有观众，或者观众很少，你都要先自嗨起来，这是一种能量，能够吸引别人也能够带动自己的能量。

二、自恋

过去我看自己总是感觉不顺眼，听到自己的录音也感觉咋这么"LOW"呢。现在我也开始做直播了，经过十多场下来，我就知道了，千万不能自卑。如果自己都不喜欢自己，那么受众又如何喜欢上我呢？正所谓，我不自恋谁来恋我呀！你必须喜欢上自己的模样，迷上自己的声音，陶醉于自己的表演，只有这样，那些粉丝才会追随你，你若盛开，蝴蝶自来。任正非有一句很励志的话，叫"只有不要脸的人才能获得成功"。当然，这个"不要脸"不是贬义，而是抛下面子经营里子，静心沉气修炼内心、提升自己，反而随着时间的流逝越来越强。比如,我们都知道马云是阿里巴巴的创始人,是一个驰名中外的企业家,有钱有闲有一副好口才。我们同样知道,马云的长相不好看,但他却是一个传奇人物。他在自己的演讲中提及自己念了8年小学,参加了3次高考,才考上杭州师范学院。在杭州师范学院,为了找出一个比自己还"丑"的人,走遍了整个学校,一无所获。毕业后,被分到杭州电子工业学院当老师的马云,答应校长要干够5年。第5年时,他带着23个学生一起参加肯德基的面试,结果24个人里,23个学生全部通过,只有他自己被淘汰了,原因还是长相。要是一般人,早就因为"面子上挂不住"而寻死觅活了,但因为长相被人拒绝过无数次的马云是个例外。他不仅没有无地自容,反而还安慰自己:男人的成就和他的长相成反比。后来,互联网的浪潮袭来,马云到处推广自己的互联网产品"中国黄页"。一家一家敲门,全然不顾别人的眼光,哪怕被拒绝1000次,他也能从容地敲开第1001家的门。别人说他吹牛也好、骂他骗子也罢,马云都不为所动,靠着一份"不要脸"的坚持,将营业额做到700万元。这就是典型的"自恋",典型的放下面子去朝着自己的目标努力。直播就是这样,需要把脸放在镜头下,如果瞻前顾后,怕这怕那,肯定没有开始就已经结束了。自恋一点,当你觉得自己不丑的时候你就真不丑,哪怕就是颜值真的很低,也要从其他方面找到优势。比如,我虽然丑,但我幽默,我虽然口音不是很悦耳,但说出来的话有意思,这就够了。

三、自律

如果说自恋仅仅是"抛下面子"的话,那么自律才是真正的"经营里

子"。没有一个网红直播是光靠耍嘴皮子,拼颜值而走上浪尖的。他们红的背后离不开默默付出,离不开超乎想象的自律。其实做网红挺不容易的,如果没有强大的自律来做支撑,很难日复一日地做下去。我看了薇娅的自述,每天要忙到凌晨3点以后,第二天又要早早地起来健身、选品、策划,一天只能休息5小时左右。这样的工作强度可不是一般人能承受的。没有强大的自律,就没有科学的作息安排,也就没有健康的饮食习惯,到最后,网红没当成,身体倒先垮了,那可就什么都没有了。所以,你想要当网红先自律起来,不要一天到晚刷段子,不要想当然地饮食,不要该睡觉时还胡思乱想,不要找借口不锻炼身体。就像你现在的生活状态,成为网红只有一种可能,那就是——白日做梦。

有一段话火遍网络:前半段是,"如果三年后给你500万元,让你坚持三年每天早起每天工作10小时,读书2小时,健身1小时,交际3小时,你能做到吗?"后半段是,"如果你能做到,就算不给你500万元,三年之间你也能凭借自己的努力赚到这500万元"。多么有煽动力的一段话啊。当我看到这句话的时候,我无比的兴奋,然后就陷入了沉思。我认为自己好像做不到。这不是笑话,是真的好像做不到。为什么?因为仅仅是为了得到某个东西,而不是真正热爱。直播这件事,要想爆红就要去热爱,然后由热爱产生的自律才不是伪自律,才真正可以坚持下去。而不是打了鸡血只管几分钟,那样不叫自律。

所以,普通人爆红的基因就是自嗨、自信、自律,三者相辅相成,当你掌握了以上的网红基因与特质之后,剩下的事就是成就网红的路径了。

第二章
电商主播的基因与路径：爆红的基因你有吗

爆红的路径有哪些

当我们知道了爆红的基因以后，接下来就是如何去一步一步地实现直播变红的梦想。梦想一定要有，但实现梦想不是仅仅做梦而已，而是要按照一定的路径去实现。就像要练就一身过硬的武功，先得深研招式一个道理。

我们可以从六个方面来探索爆红的路径：

一、精准定位精耕细作

做什么都有一个规则，就像常言讲的"道亦有道"。一米宽一千米深，垂直打通，绝对聚焦，精耕细作是第一步。做直播的多，平台也多，能够脱颖而出的不二法门就是精耕细作，如果没有一颗修佛一般的心，自然难成佛。越来越多的普通百姓也都加入了直播大军，直播变成一种全民娱乐。于是直播搭讪、直播吃饭以及直播旅游、直播跳广场舞等各种鲜活的直播品种跳到观众面前，直播形式也由原始的秀场唱歌跳舞转化为更多元的泛娱乐化内容，同时直

播出口也从PC走向移动端,所有的直播者与观众都可以随时随地即兴发挥,赢得他人的乐点与泪点。这是直播的全盛时期,但与之相关的也有弊端,就是很多平台和主播开始自毁形象与自乱阵脚。网络直播从一开始的低俗不雅,到低值负面,成为人们对网络直播形象的一种诟病。直到后来得到整顿,慢慢变得回归理性。但是同质化是直播平台的又一个明显软肋。一方面,不仅盈利模式千篇一律,而且直播内容也基本上是千人一面。这样的一种行业生态使得任何一个直播平台很难建立起必要的市场壁垒,并由此不得不面临持续激烈的竞争挤压;另一方面,观众很容易出现审美疲劳。所以,要想在直播同质化中胜出,就要给自己精准定位并且精耕细作。

二、极致标签,标什么签成什么人

你是搞笑的,能给人带来快乐和放松;还是知识型的,能让别人在你这里学到一些精华观点;你是健身达人还是美食做法分享家;你是育儿的专家还是答疑解惑的老师……这些不同的标签就会让人觉得你是标签所代表的人。而你在直播的时候就要围绕着你的标签进行,最好把标签极致化。做美食就天天播美食,别明明标签是美食,却分享的是育儿知识,让人在你这里找不到极致的那种感觉,自然会很快弃之而不观。卖什么不重要,重要的是先将自己"卖"出去。打造你自己的个人IP,你才有资格成为带货王。今天别人通过一件事认识你,认可你,喜欢你,那以后你卖什么都可以,口红、洗发水等后期的所有产品,客户都会瞬间选择,不会犹豫。

三、精进内容，少讲话讲经典

很多人在直播的时候会面临很多的问题，尤其是新手主播，经常会出现言不达意或者废话很多的场面。开播的时候内容要精进，不要像小学生一样自我介绍。如果实在不知道说什么，可以先放个好听的音乐，做直播更多需要的是耐心、决心和细心。因为我们做直播其实是在跟别人交流，你的一举一动，你的粉丝都是看在眼里的，所以我们说话的时候也要多注意。最大的好处也是，直播它存在很强的互动性。你可以在直播间通过你的个人魅力来吸引到喜欢你的那个群体，不要说你长得不好看，你没有才艺。这些不重要，重要的是你是否用真心在对待、在坚持。这个比你所有的技巧都来得更加重要。

四、持续输出而不是试试看

无论做什么，如果抱着试试看的心态，那么结果往往会失败，而只有全力以赴才会成功。很多人都知道比尔·盖茨受邀去美国西雅图"太空针"高塔餐厅就餐的故事。戴尔·泰勒是美国西雅图一所著名教堂里的牧师。一天，戴尔·泰勒向教会学校的学生们发出了"悬赏"公告：凡是能背出《圣经·马太福音》中第五章至第七章全部内容的人，都会受邀去西雅图"太空针"高塔餐厅，免费品尝那里提供的大餐。可是，需要背诵的内容多达数万字，而且不押韵，这对孩子而言难度非常大。许多学生要么直接放弃，要么浅尝辄止。几天后，11岁的比尔·盖茨主动找到戴尔·泰勒，并在他面前一字不落、十分流畅地背诵了全部内容。戴尔·泰勒十分震惊，因为在成年的信徒中，能背诵

此篇幅的人也非常罕见。他对比尔·盖茨的记忆力表示了由衷的赞叹,然后问他:"你为什么能背下这么长的文字呢?"比尔·盖茨回答道:"因为我全力以赴。"

一个人的心态决定他做事情的结果,如果全力以赴就一定会把直播做得出彩,反之试试看的话,随时都会放弃。所以要么不干,要干就要往死里干。

五、全网布局,广撒网多播种

我们发现那些直播做得好的人能够从多渠道引流,比如常见的直播网红,他们在抖音上粉丝无数,同样在快手上也是如此。所以,不要死守一个平台,要全网布局,广撒网多播种才能让更多的人看到,这样潜在的观众就会增多。比如,罗永浩在直播前会在微博、微信公众号、得到App等平台进行提前预热,让粉丝做好观看的准备。这就是一种全网布局的策略。

六、社群引爆:万法归心,心力时代,心商业心社群

任何营销也好,直播也罢,最终要实现立体连接,线下是基本功,社群是放大器,传播是引爆点。因此,线下反而更重要,要比深度分销在线下做得更深。即使最初没有线下的条件,也需要积极去营造社群。直播最成功之处——卖货最多的地方,也就是粉丝聚起来的社群效应,罗胖是这样的案例,小米公司卖产品也是这样的案例。如果说直播是出海捕鱼的网,社群就是建塘养鱼。通过直播精准引流,通过社群对老客户精耕细作、深度运营,对潜在客户实行分类分级运营,提高转化率和客户转介绍率。直播吸引来的流量,大部

分依然属于公域流量,社群才是真正的私域流量。直播靠主播驱动,这是很多直播难以持续的核心原因。因为很多主播很难源源不断地输出内容,而社群经过一段时间运营后,就可以自组织、自运营,粉丝会主动生产很多原创内容。在直播过程中,主播与大多数粉丝之间是弱关系,直播可以为社群导流,直播也为客户提供了口碑裂变的武器,直播短视频是维护老客户的纽带,通过社群持续运营才可以把弱关系转化为强关系,可以说"直播+社群"是双轮驱动。

当我们掌握了以上六条路径,再配以线下实际操作演练,通往主播爆红的路还远吗?

一件产品、一个事物或一个人,能够爆红只是表象,而背后的真相才是我们要寻找和发现的。研究这个真相,找到自己的网红基因,才是不打无准备的仗,同时能够取长补短。本章节探讨了主播爆红的基因与路径。爆红主播通常会从各个方面吸引消费者的眼球,而这些属性都有规律可循。明星有明星的爆红基因,普通人有普通人的爆红基因,只有用心研究了这些基因和路径,并去执行和落实,才能够让梦想照进现实。

第三章

电商主播的 IP 定位：爆红的 IP 都是设计出来的

● IP 是什么

最近几年,在营销界有一个特别火的词,这个词就是 IP。很多人都在谈论 IP,那么 IP 到底是个什么概念呢?IP 一词,原指互联网上的每一个网络给每一台主机分配的一个逻辑地址,以此来屏蔽物理地址的差异。但随着时间推移和人们对于 IP 新的赋予,现在的 IP 已经不局限于网络分配给主机的地址,而有了更多、更深远的意义延伸。后来人们把 IP 定义为知识产权。这也只能说是对 IP 的初始定义,它可以是电影、文学作品、游戏、综艺,也可以指某个人、某个角色,还可以是一种商业模式、一种思维方法……

所以,首先,IP 体现的是无形的价值。包含人生观、价值观、世界观以及哲学观在内的所有无形及有形的价值,最终和人们产生文化与情感上的共鸣。给 IP 这样定义的同时打破了一个误区,不少人片面地认为 IP 就是一部小说、一首歌曲、一部电影或一个人等具体的文化创意形态。创作 IP 就是创作以上这些具体的形态,这些形态只是 IP 的载体。人们通过这些"形态"理

第三章
电商主播的 IP 定位：爆红的 IP 都是设计出来的

解 IP 释放的内核。其次，IP 是永恒的。因为 IP 包容的是一种价值，所以，一个有意义、坚挺的 IP 是不会消亡的。换个表达方式来说，无论是小说还是音乐或电影，所承载的 IP 的具体形态会因为热点的转移或时代的变迁而退出历史舞台，但 IP 是永恒存在的。为什么这么说呢？比如，孙悟空形象是中国神话 IP，李子柒是中国风个人 IP，克罗地亚失恋博物馆是空间 IP，长城故宫是中国符号 IP，罗永浩是第一代网红 IP，薇娅、李佳琦成为直播带货 IP……即使时代变了，将来直播不火了，人们谈论起直播的第一代带货王也会想起薇娅和李佳琦，这些打造出来的 IP 将成为永恒。当人们谈论起中国神话就会想到孙悟空，谈到中国风的典范就想到李子柒，代表中国的符号就是长城故宫，等等。

IP 的价值对我们的意义何在呢？尤其是个人 IP 对于直播意味着什么呢？个人 IP 即人设、即印象、即流量、即信用、即影响力。简单来说，当你打造出了超级个人 IP 后，你的人设就会被深刻地植入到受众那里，就会有更多的粉丝向你聚合，你的信用等级就会逐步提升，你的影响力也自然加强。在我们开讲这一课的时候，正好是 4 月 1 日，这一天"第一代互联网网红"罗永浩正式入驻抖音，开始他的带货生涯，首秀 3 小时，斩获 1.2 亿元成交额。在当时来说，他可谓就是超级 IP 的典范。当然同一天，还有薇娅在淘宝直播卖火箭，辛永志的弟子在快手也做到了 4.8 亿元的成交量，这标志着一个全新的时代正式开启。过去一个企业想要做到上亿元产值，员工要上千人；而今天一个晚上创造上亿元产值，只需要一个主播。这个变化也太神奇、太伟大了。认识到 IP 对企业对个人的重要性以后，关键问题就是如何打造 IP 了，打造 IP 的第一步就是定位。

比如，李子柒给自己的定位就是在快消时代的一种慢生活，田间地头农家院里一位穿着古风的女子亲自实现了春耕种锄刨，秋收冬藏，还把自己种出来的东西加工成让人看后垂涎欲滴的美食，这样的古风古韵带着满满的中国气息，最终成就了李子柒这位中国风的个人超级IP。在IP打造早期，李子柒视频都是自己拍摄剪辑，随着人气的上涨而签约了海内外经纪公司。自2016年在微博和秒拍发布制作美食的视频起，李子柒的微博粉丝就从9000涨到了如今的3000万。在这期间，她放弃了无数的广告邀约，专心做自己的IP品牌，用三年时间才做到了现在的知名度。毫无疑问，她不仅是最鲜明的人物IP形象，也是最有影响的品牌力量。

关于个人超级IP，罗胖2016年在跨年演讲上也提到过，人格IP属于一个新型的交易入口。以往是靠流量、价格，你有好东西得想办法让更多人知道，知道了还要比竞争对手更有性价比，这样才更有助于交易转化。而这次个人IP的崛起，人格就成了一个新型的交易入口。比如罗永浩，大部分买锤子手机的人可能就是喜欢他这个人，因为喜欢这个人才产生购买行为，不再以流量和性价比为决策依据，而是我喜欢这个人，我信任这个人，我就喜欢买他的东西。所以，如果你有什么特质能够让大家喜欢你，比如会说有趣的段子、相声，这些都可以为你在成为IP的道路上加分，与其他品牌进行区隔，形成独一无二的势能。

所以，我们知道了IP是什么，就要试着去打造一个属于自己的个人IP，然后慢慢养成超级IP，最后靠着这个IP实现自己的价值输出，产生效益闭环。具体怎么做呢，这里我给出几个参考方法：

一、取名

无论是直播还是在其他平台培养自己的 IP，都要取一个大俗大雅的名字；无论是诗意的还是幽默的还是知识型的，总之要让人觉得耳目一新，甚至过目不忘。如李子柒的简介"李家有女，人称子柒"，简约却不简单，一听就有一种诗意和朴素的美感，和她要打造的 IP 个人风格非常相配。

二、要有自己的独立思维及思想

人们知道了 IP 的重要性后，都希望模仿或借鉴，但往往能够让人感觉眼前一亮或耳目一新的，一定是新鲜的，没见过的。人人都开美食直播，但李子柒却是自己种、自己做，这就是一种创新。

三、输出的内容要有价值

无论是做美食直播还是知识型直播，总之有一条，在与个人 IP 定位相关的领域持续地提供有价值的内容，就是在一次次地积累别人对你的信任感，从而形成个人 IP 的黏性，信任感突破临界值，后期的变现也就顺风顺水了。

四、自我驱动式的坚持和自律

打造个人 IP 不是头脑想想那么简单，更多的是需要去日复一日坚持、精进。如果李子柒不是镜头下亲力亲为，又如何打动观众呢？她的相貌清秀，但手却很粗糙，那就是长年累月田间地头、厨房案板、水槽锅子里劳作浸染的结

果。所以，无论你给自己的定位是什么，最重要的是每天都要坚持去为自己的 IP 做事情。每月一次针对自己受众的干货输出能否坚持？事情拆成一件或许很简单，但是需要 365 天每天围绕着 IP 意识来执行，需要内心的自我驱动力以及不懈的坚持。

第三章
电商主播的 IP 定位：爆红的 IP 都是设计出来的

● IP 定位定什么

关于定位，有很多大师的很多著作都在描述，我也不再重复。这一节我们要分享的是定位的本质。定位的本质是选择，而选择就意味着取与舍，取舍的前提就是懂得了删除，懂得了取最关键的东西去执行，而不是胡子眉毛一把抓没有重点。你的人生成果就是由你的无数个选择累积而成的，而你的每一次选择都是在确定放弃什么，追求什么，而这种取舍的前提是你学会了删除，删除你过往的思维方式，删除你过往的成绩，删除你过往的经验，删除你过往的习惯，一切归零，一切从心出发。

直播打造个人 IP 有两个核心，一是定位，二是内容。有句话叫定位定江山，没有定位就没有地位。直播的每一个账号，官方平台都会给其贴一个标签，这个标签的判断就是根据直播账号定位而来的。直播跟微信发朋友圈不一样，微信朋友圈你可以发生活的日常，你可以发美食，也可以发旅游，甚至可以发鸡汤励志段子。但是如果在抖音或快手或其他直播平台上你一下发美食，

一下发旅游风景，一下又发工作，这样，官方它就无法识别你这个账号到底是什么定位，什么标签，所以它也无法给你做推荐。只有当官方非常清晰地知道你这个账号是什么IP、什么定位，然后它才会给你推送喜欢你这一属性的粉丝，你才会更容易上热门。定位就是给别人看的标签，给别人的印象。

明白了IP定位就是定一个给别人的印象，定一个让平台能够第一时间帮你推荐的类别，这样才能找到潜在的粉丝，才会为后面粉丝的积累打下基础。在定位的时候要参照三个维度：

一是个人资源，二是竞争分析，三是受众需求。你可以根据你的理解设定这三者的权重。

一、个人资源

不同的人有着不同的基础资源，也就是每个人的起点不一样，优势特长也不一样，你必须有自知之明，认清自己的优劣势，扬长避短，这样才有出彩的机会，而不是一味地模仿，最后反而迷失了自己。首先你需要找到身上最容易让人记住的标签，细分领域定位，之后发的每一条作品都要统一风格，只要个人IP塑造得好，无论是引流，还是变现，都会取得事半功倍的效果。人设的成功打造，离不开内容的塑造和贡献。如果你想要通过某个平台打造自己的个人IP，就一定要去打造自己的人设，从而快速锁定你的目标粉丝和用户群体，为后端变现提供最坚实的基础。你是直播健身的，就要每天根据自己的资源去做与健身有关的内容，不断推送优质的内容，喜欢健身的粉丝就会慢慢关注你。同样的道理，你是美食达人，就要每天推出易学好用的美食做法；你是做书籍推荐的，每天就要推荐读过的好书，把好作品介绍给大家。明白自己的资源，然后放大这种资源是打造个人IP的第一步。

二、了解竞争对手

无论你做什么事或卖什么产品，都不是独家业务，你必须面对市场的竞争，而如果你不深入了解竞争对手，只是一味地推广自己，那就是自以为是、掩耳盗铃，最后定然是一败涂地。从竞争对手中，可以看到自己所处的地位以及内容的优劣。而且，从竞争对手那里会更快地学到对自己有用的东西，对方想了很长时间的主意，我们也许只需要学习一下便能够掌握。这就说明了解你的竞争对手，能让自己成长，进而打败竞争对手，起码也要做到不让竞争对手打败，这就是所谓的知己知彼、百战不殆。同时，问自己一些问题：竞争对手的反应和竞争对手真正的焦点是什么？竞争对手可能做出什么样的改变？竞争对手的盲点和错误判断有哪些？竞争对手对市场行动可能的反应是什么？当我们学会了分析竞争对手，就能够快速成长为别人的竞争对手。

三、建立以用户为中心的思维

用户是上帝，这个观点永远正确。只有建立"以用户为中心"的思维，一切从受众出发，深入了解受众特点，掌握受众的需求，懂得受众的心声，并且以受众的角度发声，"不要我觉得，而是他觉得"，不自我，不自负，真正做到比用户更懂用户，了解他们的痛点，找到用户的痒点，抓住用户的兴奋点，你的IP才能成为爆红的IP。用户对某个直播账户进行关注，无非是得到了情

感的共振。比如，人们喜欢看蜡笔小新是因为他"贱"，喜欢加菲猫是因为它"懒"，喜欢漫威动画是因为里面尽是"英雄"，喜欢龙猫的"憨"，等等。这些情感共振点，就像一个个锚，锚定在人类心灵的某个位置，所以很强大。给个人IP定位就要站在用户的角度想问题，想想自己能够给别人带来什么？能让产品更便宜还是能让大家点进来感觉更放松，总之你得有一样拿得出去，并且不是以你为出发点，而是以用户受益为出发点。

玩直播的人很多，弄公众号的人也很多，可赚钱的人总是那些粉丝多的，有名的，有个性的，有特色的，有清晰定位的玩家，为什么？因为定位清晰，方向明确发展起来就会很快。虽然本质上都是为了赚钱，但很多小白却没有清晰定位，从而变得只是跟风玩了玩，却没有做出成绩。看到淘宝赚钱于是去开店，看到微信赚钱于是去做微商，看到写公众号能赚钱就赶紧做自媒体，结果就像狗熊掰棒子，没有任何积累。也许你会说，找定位哪有那么容易，我也不知道做什么好呀？是的，我也是这么认为。你得不断尝试才会有结果，可不管做什么行业，你肯定明白，有用户肯定赚钱容易，有粉丝变现肯定容易，到底哪一个更好做呢？与其说哪一个更好做，还不如说哪一个竞争性更低。因为好做的大家都去做了，就像好的产品，你看好去代理，就没有其他人代理吗？这样代理的人越多，你的机会就越少，你赚的钱自然也不多。

所以，前面我们讲了定位的三个维度，资源、竞争对手以及一切以用户为中心。要把更多的心思放在这几个维度上。就像明星一样，都有自己的定位，有人唱歌，有人演戏，有人跳舞，你也得有自己的定位。虽然不是让你去唱、跳、演，但是本质上是一样的，你得发出自己的声音。在各大直播平台

第三章
电商主播的 IP 定位：爆红的 IP 都是设计出来的

上，每个网红都有自己的粉丝，不管他是打赏收钱，还是卖产品收钱，本质上都是有大量粉丝，有铁粉支持，赚钱才会容易，这些直播平台才会发展得如此火爆。如果这些网红在平台上赚不到钱，那平台也干不下去，这也验证了，只要你通过某种形式，或某个平台去获取用户的关注和注意力，你就能和他们一样轻松赚钱。

IP角色定位和三大维度

当我们知道了定位定什么,那么下一步要做的就是打造一个"主播角色",也就是做好角色定位。角色定位是指故事的核心角色,能够定位到人性情感层级中,从而实现关键的IP定位,而不是普通的故事角色设计。

IP角色定位于情感层级很重要,如果忽略了,就容易造成IP的情感力量不足,打动力不够。角色定位是有人性原型的,比如有少女型、时尚型、自然型、古典型、戏剧型,等等。还有,男性角色中的女性气质、女性角色中的男性气质,也往往对角色定位的成功起关键作用。

很多时候,网友在直播间看到主播的时候,第一眼就会给其下定义,也就是所谓的第一印象,第一感觉。如果第一感觉引起了反感,那就会放弃了。如果第一印象过得去,接下来就是不断深入地验证,或好或坏,或满意或离开。那么作为直播间里的主播,该如何抓好第一印象呢?这就要讲到主播的角色和形象的定位。

第三章
电商主播的 IP 定位：爆红的 IP 都是设计出来的

一、个人形象要有专属特点和匹配

角色定位第一个要考虑的就是主播的个人形象。形象首先要有特点，也就是要和别人有不同，能区分开，这样容易让粉丝记住。比如我们看到杜子建是一头银白色的头发就很容易被网友记住。如果个人形象没有任何特点的话，也可以用道具来吸引眼球，甚至可以在旁边放小动物，表现主播对小动物的喜爱，让人联想到善良这个词。网络主播必须把自己包装成在自我美感和满足游客美感喜好中最平衡的样子，才能让自己获得最好的机会。当然包装不仅仅是外表，还包括说话的语气、形象打扮、形体动作等多方面的内容。当然，主播在打造自我形象方面和提高其他任何技能一样，也是一个不断努力，不断提高，不断接受反馈，不断改进的过程。花无百日红，人无千日好。所以不断地给粉丝一个新鲜、积极向上、不断提升和改变的主播形象，对于想提升自身在直播界的档次和收入的主播来说，是非常关键的。另外一点就是，当你打造了个人的形象以后，还要和自己所播的内容匹配。举个最简单的例子，如果你在户外卖绿色农产品，就不太适合穿西装革履。同样的道理，如果你做知识型的直播，就不要让自己的穿着太过随意，要和自己所讲的知识匹配，体现出比较专业的形象。

二、建立识别度高的个人风格

如果说个人形象是角色定位第一个要关注的焦点，那么主播的风格也很关键。形象让人能马上记住，但风格却能让人长久在意。主播风格标签根据自

己的性格、兴趣爱好去定位,无论给自己定位什么样的风格,前提都是要和观众和粉丝有良好的互动。无粉丝不营销,无观众不直播,就是这个道理。没有经验的新手做直播,给自己的角色定位的时候,如果不知道自己的风格,可以把自己的性格和爱好写出几条,然后从中寻找到自己的风格定位。主播风格一定是在自己的性格特点基础上进行放大,不能背道而驰选择完全不符合自己的风格,这样很难坚持下去。主播的风格可以从幽默风趣、活泼可爱、御姐、成熟稳重、辛辣犀利、知识专家等这些类型中筛选。对于风格提前定位才能建立一个识别度高的直播风格。这样无论你卖什么样的产品,总会有一批喜欢你风格的粉丝愿意进入你直播间听你说话,和你互动。个人的风格给直播间带来特定的"气场",这种气场能决定一个直播间的氛围。

三、内容要在形象和风格之后

在角色定位上,不仅仅是形象和风格,更重要的是形象风格吸引粉丝以后还要靠优质的内容定位来留住粉丝。内容定位也叫主题定位,就是主播给粉丝在某个垂直领域输出的专业性价值。内容IP往往是和产品联系在一起,通过内容IP的打造,建立主播在这个领域的专家或者意见领袖形象,从而让粉丝因为信任产生购买行为。这也是主播将产品和粉丝建立黏性最好的方式。比如,做美妆的要成为女性美丽的专家,卖水果的要成为水果系的营养专家,做服装的要成为穿搭的意见领袖,这就是主题定位。当然,传递有价值的内容,也需要用好的语言,不要干巴巴地讲干货,往往轻松自然、带有幽默诙谐的语言更能留住观众。

在知道了角色定位的三个方向之后,还有以下几点注意事项:

一、专业性

无论多好的形象和风格,如果没有专业性来做支撑,很难走得长远。所以,在角色定位的时候要问问自己擅长哪一方面,也可以问问身边的朋友,给自己打个标签的话,哪一个标签最明显,那么这个就是自己的特长。把这个特长作为创作领域,至少从专业性上,你已经淘汰掉很多人了。比如说,身边的朋友都觉得你做菜做得好,那你就不妨围绕做菜创作;都觉得你讲搞笑段子比较擅长,那么不妨做幽默小视频。看直播的人,其实和你身边的人一样,并不都是某个领域的专家,只要你比别人在某个领域懂得多一点,可能只是一点点,就会有很多潜在的粉丝。而且,自己擅长的领域,内容创作起来也更容易一些。

二、持续性

前面我们就强调过,做什么事情不能三分钟热度,这样不可能做出成绩。确定了一个定位,还要问自己一个问题:能不能持续性地输出内容?如果三五个视频搞完,就彻底没货了,这就不行。数量很重要,先有量的积累才有最后的由量变达到质变。无论在哪个平台做直播,想要打造自己的角色,想要给自己制造一个IP,都离不开持续性的学习、提升和输出。

三、完善性

当给自己实现了前期的角色定位之后，还要不断去检验，就像我们造出一个产品，如果不投入市场如何知道是否受人喜欢，还有哪些值得改进的地方呢？所以，打造超级个人IP也是如此。定位好之后就要积极实施，看看市场反应，看看自己能不能吸引粉丝，看看自己在直播的过程有没有翻车的地方，及时调整修改才能越来越好，才有进步和完善的可能。

所以，基于以上这些观点，IP角色定位想要做得好，要在意每一个小的点，其实都是可以挖掘出不少内容的。任何一个好的IP从创造到成长最后到成熟，其中有不少路要走，还有不少要学习的东西，这条路当然还很漫长，需要每个人细细体会和着手实践。

第三章 电商主播的IP定位：爆红的IP都是设计出来的

● 差异化才能"C"位出道

随着直播行业的狂飙突进，全民投身其中玩转直播已经是不争的事实。不过在直播火爆态势之下，我们也应该看到其中存在严重的同质化泛滥现象。要想治愈这一症结，必须走差异化路线，让直播真正渗入生活的方方面面，并获得更大的发展空间。所以，想要打造个人IP，在定位上就要走差异化道路。不要陷入同质化泛滥的状态。定位的核心是如何攻占心智，一个IP除定位之外，还承载着与客户的关系。

新人想要做主播如何突围呢？除选对平台和自身的努力坚持之外，还要走差异化之路。因为各行各业，如果没有差异就不会有新意，没有新意就不会吸引人。那些火起来的IP，比如一禅小和尚，主人公一禅是一个6岁的小男孩儿，聪明可爱，调皮机灵，和师父阿斗老和尚上演着有趣温情的故事。比如，猪屁登系列小视频，采用真人实拍+3D虚拟形象创作模式，展现人与猪的日常，并且含有很多搞笑的戏份和教育观点，所以得到很多人的喜爱；僵小

鱼讲述了小鱼被鱼爹收留后,两人之间暖萌治愈、笑中带泪的日常故事;动画片爆笑虫子、默默酱等,都是进行差异化定位才让他们与众不同,因此拥有了庞大的粉丝和铁杆用户群体。换个角度来说,我们在打造个人IP的时候,一定要有自己特立独行的差异化定位、内容以及推广方式,等等。

现在做直播的平台和人都非常多,与别人不一样才能吸引粉丝。所以问问自己,同样一个产品,你能用哪种方法讲得出彩?同样一个领域内的东西,你和别人讲的有什么不同?可能是你讲得更深入,也可能是你的案例更生动,又或者是你的表现形式更好(比如你会做动画,你的声音特别有磁性,或者你的形象特别让人印象深刻)?差异性才是长期吸粉的关键。差异性可以通过不断学习创新的办法来实现,在说话方式上下功夫学习,在视频录制灯光上更注意一些,比如你的视频录得比别人更清晰,你的音频中噪声处理得比较好,这都是差异性,都是优势。

之前有个学员在我的课上学习,她颜值不错也很精进,她认为直播的黄金时段就是晚上19点到23点,所以每天在这个时间段播出。但是她忽略了一个事实,很多人都知道这是一个黄金时间段,这期间网红和平台大主播都在开播,而她很难分到流量。后来我给她支招,选择其他时间段,比如中午12点至下午1点,或者晚上12点之后到凌晨1点这个时段。很多大主播都休息了,有些粉丝或游客因为迫于各种压力和生活习惯,"夜猫子"也不少,就会上平台来溜达,正好看到有人直播,那么这部分用户流量就能获得。她尝试使用了"时间差异化",把开播时间调整到了凌晨1点至早上四五点,改变之后发现真的有不少人在这个时间段没睡,而且越是"夜猫子"喜欢看直播的越不少,

第三章 电商主播的 IP 定位：爆红的 IP 都是设计出来的

用这个方式试了一段时间，前期积攒了不少人气。

我们每个人身上都有自己的特点，这种特点就是区别于其他人的关键优势，也是差异化定位的基础。打造个人 IP 的时候，一定要借助自身的独特性塑造自我价值，才能在整个同行里脱颖而出。你要知道，任何一个人都喜欢并习惯于从差异化去记住一个人。

冯提莫人美歌甜，张大奕是腿长一米八的邻居小姐姐，Papi 酱是欢乐搞笑的吐槽姐……这些差异化都在直播中体现得淋漓尽致。当然，不能为了追求差异而不符合身份。比如李佳琦基于自己在欧莱雅工作的经历，为自己打造"口红一哥"人设，直播中，李佳琦能涂上 20 多支口红，对化妆护肤等知识信手拈来；薇娅则将粉丝称为"薇娅的女人"，言谈举止都将"宠粉"贯彻到底。有了这些个性后，主播就像焕发了生命力，也有了一个宣传推广的支点。但这个个性是要能够真正引起目标人群的注意和为人所接受的，也就是说，对目标人群具有真正的价值和满足他们的某种需求。

打造差异化就要避开那些有影响力的主播，不要与他们形成直接的竞争，从而开辟属于自己的新赛道，定位与他们应有所区别，选取市场中的空白点和薄弱环节，挖掘尚未被满足的需求，这样才能在主播的宣传推广中起到事半功倍的效果。如李佳琦提供了其他主播没有提供的服务，亲自给自己涂口红，让粉丝直观地看到口红的效果，不断地擦涂口红会严重损伤嘴部皮肤，所以很少有主播做到这一点。其他口红主播更多的是评测，粉丝希望更直接地看到效果这一需求之前未被人发现。虽然后来这个模式被很多人模仿，但所有人还是记住了李佳琦。因为，一个行业里面往往都是一枝独秀，所有人几乎只能记住老

大，而忘记老二老三。而只有做差异化的定位思维，才能让你更快更好地占位做老大的位置。

　　差异化不仅仅是个人的差异化，还需要寻找你想进入领域的差异。无论是电商带货的直播还是游戏直播，无论是在户外直播还是娱乐直播，要列出市场对你想进入的主播类型的所有需求，然后找到消费者的兴趣点，尽量发挥想象力，分析竞争对手，找到对应的人群。对于粉丝的需求要做大量的分析和严格的筛选，按照某一想法做思维导图列举出来，开发脑洞，提取出有价值的关键词，再结合自身进行发展。

　　当你具备了这种思维方式，你就会开始从定位上做差异化的改变，从而形成自己的个人独特风格，这个是打造个人IP的加分项，而且意义非凡。

在自己熟悉的领域提升竞争力

现在做直播，有的是为了生计直播，有的是因为兴趣。而所有做直播的人，目标中都少了一个"爆红"的梦想。但事实却是，80%以上的主播依然停留在"维持生计"的水平线上，大量的主播终其一生都一直被困在自己的小格局中。直播行业发展到如今，在透支了粉丝打赏后，技术含量、直播内容和运营操作高度重复，朝不保夕。而此时，有一部分主播已经意识到以上问题的严重性，通过自己和身后的团队竭力去追逐和探究个人价值。这就是主播的个人品牌和竞争力。一个人的核心竞争力，可以是一种德行、一种知识、一种能力或者一种独特的专长，是你区别于别人的能力。

当有了自己的定位以后，想要赢得核心竞争力，还需要在自己熟悉的领域不断提升。从营销的角度看，每一个主播都是一个推销员，是专门通过各种平台向粉丝卖产品的人。比如，对于说相声的人来说，相声就是他的产品；对于漫画主播来说，漫画就是他的产品。但只说一次相声别人不会记住你，只画

一次很厉害的画也很难让人持续关注。但当别人想起看相声的直播忽然想起郭德纲，想起星座漫画就能想到同道大叔的时候，这就有了核心的竞争力。品牌是长时间获得粉丝或消费者的认可和喜爱，经过长时间沉淀的结果。以同道大叔为例，一幅漫画在网络上火爆，不能形成品牌，只有当大家提到星座漫画能迅速联想到同道大叔时，品牌才算成功建立。因此，在品牌建设的道路上没有捷径，需要持久的积淀。

在打造自己个人品牌的时候先要问自己几个问题：

（1）现在做的事情，是在让自己赚钱，还是让自己能够更值钱？

（2）每天做的事情，是在增加自己的品牌还是在增加别人的品牌？

（3）做的这件事，能否可以让你不断地去输出自己的专业、态度、价值观，让更多的人知道你、熟悉你、信任你？

看似简单的三个问题，里面包括自己的价值观和专业、态度，这就是个人品牌化。另外，让更多人熟悉你、信任你，就是将来爆红的基础。搞清楚了方向，接下来就要为个人品牌的沉淀去努力，如果有过硬的能力或专业技术，就以此为出发点努力；如果很普通，专业不出众又没什么特长和爱好，就要不断试错，通过试错找到自己热爱的东西，然后深耕，最终会形成个人标签。

打造持续竞争力的个人品牌，有以下几个特点：

一、能够为他人带来价值

无论做什么，只有能给他人带来价值的东西才能够得到市场的认可，这是一个永远都不会过时的真理。如果是市场不认可的东西，几乎没有用武之地，又谈何火爆和长久火爆呢？比如演讲能力、写作能力、画画能力等都可以带给别人价值。

二、核心竞争力代表稀缺性

什么是竞争力？就是别人没有你有，别人有你也有但你比别人更好，这就是优势。比如跳舞，别人跳的是健身操，你却能跳鬼步舞；别人能跳鬼步舞，你却能在鬼步舞的基础上自创新的舞蹈形式。别人都能写字，但你能写出像书法一样的水平；别人能写书法，你却能写很多种不同的字体。别人会唱歌，你却会唱粤语歌，还会唱英文歌。这样才叫稀缺性和竞争力。

三、核心竞争力具有不可替代性

如果一种能力很容易被替代就不是核心竞争力了，核心竞争力必须是独特的，不可替代的。比如人人都能卖口红，但却只有一个李佳琦。

当有了IP定位以后，加之持续的品牌积淀慢慢去形成核心竞争力，才能让IP成为超级IP。当然个人品牌形成离不开传播，实现自我品牌传播首要的任务就是增加曝光度，因此，你需要做好自己品牌的公关代表，除了在自己的专业领域多发视频，你还应该多和媒体接触，有利于扩大传播的角度，通过传播来打造个人特色，形成独特的个人品牌。互联网不仅为个人品牌的打造提供了免费平台，还为个人品牌的传播提供了无限广阔的渠道。在互联网时代，个人营销更需要善用互联网渠道传播个人品牌，将自己生产出来的优质内容进行全网覆盖式传播。如果你很幽默，那么你可以注册一个专门提供各种段子和笑

话的微博，成为一个幽默达人；如果你有很丰富的职场经历，深谙职场生存之道和职业发展规划，那么你可以在互联网上把自己打造成一个职业规划达人。总之，互联网为个人的品牌打造和品牌传播提供了无限可能。同时也能为自己品牌的沉淀带来很多机会和渠道。

如何提升自己的品牌竞争力呢？要尽量做到以下几点：

（1）真实靠谱。有句话说得好，靠谱和真实是最低成本的社交。最真实的东西不用过多加工，本色的东西风险最低。在打造品牌的过程中，如果有虚假成分，暴露之后所面临的风险是巨大的。

（2）不断积累。一个主播不是播了一次就能让人认可，不是播了一次就可以成功，只有不断积累，才能传达给别人你做过什么、有什么能力，这就是积累。

（3）保持状态。打造个人品牌的路上没有终点，要始终求真，始终透明，始终精进。真实也好，积累也好，最后都需要良好的状态来维持。在个体崛起的时代，用真实，用积累，用状态，打造个人品牌。

IP 定位要回答 7 个问题

个人 IP 定位除了以前我们讲的维度和在自己熟悉的领域不断打造核心竞争力，具体还有 7 个方面。①目的及目标定位；②对标及榜样定位；③用户即受众定位；④IP 属性定位；⑤IP 标签定位；⑥IP 内容定位；⑦直播平台定位。这七大定位其实就是解决了 7 个问题，它们分别是：

（1）我为什么要打造个人 IP，我打造 IP 的动机及目标是什么？

（2）我想要"抄"越哪个 IP，跟我相近的 IP 是哪个，我了解它们多少？

（3）我想要吸引哪些人？他们的特点、需求点、痛点、痒点、兴奋点是什么？

（4）我的 IP 想要形成一个什么样的人设，我想要给人们留下什么样的形象？

（5）我的 IP 唯一性的标签有哪些？我将如何把这些标签印刻在受众心里？

（6）我的 IP 内容如何规划？对外输出的方式有哪些？如何做到引爆

流量？

（7）我通过哪些平台播种IP？这些平台的属性与特点是否与我的定位匹配？

我们逐一对这个问题展开探讨：

第一个问题，就是要你认真明确一下自己的动机，没有目的的IP打造就是耍流氓，没有目标的规划就是瞎折腾。你为什么做，比你如何做更重要！你想要做到什么样的程度？为此你愿意付出什么样的代价？这些问题是一切的出发点，只有明确了这些，才能有充分的力量前行。这个问题只有你自己能回答，任何人也无法代劳。最简单的方法就是为自己设立短期目标。循序渐进地去实现它们。当然，设立目标之前一定要知道自己的能力能否达到。如果你为自己设定了一个无法达到的目标，相信过不了多久你就会失去兴趣和坚持下去的动力。最好先找张纸，在上面写下来自己为什么要做这件事，想达到什么样的效果，自己做这件事的动机是什么。然后再思考一下对自己而言这个IP的意义何在，并把这些都写在纸上。每天进步一点点，然后给自己鼓励，一天天接近自己最初的目标。

第二个问题，就是告诉自己参照物在哪里？没有参照物的行走容易迷失方向。没有对手的商业设计就是纸上谈兵、异想天开。有了参照物，你就有了超越的对象，你就有了前行的动力。比如李佳琦将薇娅视为自己的榜样及对手，他就要深入研究对方，从中找到机会点。正所谓知己知彼，百战不殆。同样的道理，当你想打造个人IP的时候，要找到和自己相近的参照物，然后取别人所长补自己所短，学习别人的优势然后进行创新，这样才能让自己不打无准备的仗。

第三个问题，就是明确自己的用户画像。以便更深入地了解他们，掌握他们的需求点及痛点，清楚他们的消费习惯、沟通习惯，这样你才能有针对性地设计自己的IP，以便真正成为用户的代言人，真正地为这群粉丝请命，真正地为这群用户输出自己的价值。你要知道自己的粉丝群或者潜在的粉丝群是老年人还是青少年，是家庭主妇还是青春美少女，给他们画像以后才能有针对性地去研究他们的心理，然后更好地为他们提供价值。

第四个问题，就是准确地对自己的IP建立人设。就像是李子柒，她的人设就是东方女子，东方知性女子，东方知性又贤惠的女子，东方知性、贤惠又懂得生活的女子。这就是她的人设，也就是她的文化属性。而你呢？你是搞笑的人，知识型的人，还是幽默型兼知识型的人？这些都要提前进行预设，让自己有一个准确的人设。

第五个问题，就是给自己的IP设置几个唯一性的标签。这些标签会强化受众的记忆，形成深刻的印象。企业IP标签就是企业的形象识别系统。而个人的IP标签包括：头像设计、个人简介、IP类别等，其中重要的是：形象标签、语言标签、表情标签、行为标签、道具标签五类。你注意观察一些爆红的IP，就会发现他们一直在使用重复的动作、表情、句子等，这些就是他们提前规划好的标签，有意地重复，以便深深地植入受众的心智中去。比如李佳琦的"OH, MY, GOD, 买它买它买它！"。设置好的标签是爆红的终极引擎。

第六个问题，就是内容的规划、设计。IP输出的形式包括文图音视播等5种。而其中最核心的还是文，就是你表演的剧本，也叫脚本。文字的规划与设

计是一门很深的艺术，它需要你有强大的文字驾驭能力。这个本事不是一朝一夕就可以具备的。当然，当你做好了自己的属性定位后，你可以把内容打造这件事外包给相关机构，让他们为你解决。

第七个问题，就是平台的选择。不同的平台其属性不同，运营的方式也不同。比如直播平台，你选择微信的主要是引发私域流量，而在抖音或快手上，你就在引发公域流量。另外就是如果你是一名专职的带货主播，你选择淘宝平台，变现的路径最短。而选择抖音或其他平台其变现的能力及路径就相对复杂得多。这些都是平台属性导致的结果。所以，选择与自己目标及属性一致的平台，就可以做到事半功倍，否则就会事倍功半，得不偿失。

当我们对自己提出的这些问题逐一解答明白并能够照着去做的时候，个人IP的打造就已经迈出了很成功的一步。

定位始于产品。产品可以是物品，是一项服务，也可以是一个机构，甚至是一个人。产品本身并不是定位的对象，潜在消费者的心智才是定位的对象。定位就是确立你的服务或产品或个人形象在消费者心智的位置。本章节重点探讨了主播爆红的IP定位，也就是如何去设计自己的IP，从而做到与众不同。通过分析IP的本质找到如何在自己熟知的领域打造差异化。运用定位策略在主播这一人才济济的环境中脱颖而出。

第四章

电商主播的 IP 内容：爆红的内容如何设计

● IP 内容包括哪些

想要成为爆红的 IP，其关键还是内容的规划与设计，毕竟在这个时代，内容为王，无内容不网红。哪怕是你做一个带货主播，也一样要精心准备播出的内容，在什么时候说什么样的话。所有可以爆红的内容都是有规律的，这就是我们要解读的道。正所谓外行看热闹，内行看门道。我们也一样，只讲门道，不侃热闹。

IP 的"内容"时代、"文化"时代正逐渐到来，透过高用户活跃度、强内容需求，专业内容服务 IP 品牌将不断涌现。你有没有这样的经历，朋友圈发出去的内容，点赞的朋友都少得可怜。或者你做了一篇公众号的文章链接，结果只有个位数的阅读量。又或者你在抖音上发了几十个短视频，粉丝一直就那几十个。数据不会撒谎，受众不会宠你。当你发出的内容不被别人关注、吸引的时候，不要抱怨，因为这就是你的真实水平。你不用心做内容，你的内容不强悍，就没有粉丝会为你埋单。之所以会出现以上的情况，只能说明你在内容上没有下功夫,根本是你的内容不走心,无法引起受众的共鸣。

人们总说,"好看的皮囊千篇一律,有趣的灵魂万里挑一"。用这句话来形容信息过载的当下时代同样贴切。无论是做自媒体还是做直播,优质内容永远处在整个产业链和价值链的核心。我们过去常说"内容为王",即便技术剧烈颠覆着当下的媒体生态,这条铁律不仅没有过时,反而提出了更高的要求。在这里我奉劝你一句:凡是要输出的内容,一定要走心地规划与设计,没有经过设计之前不要乱发,更不要过分抄袭别人的内容,这都是大忌。那样的话,不但达不到"有趣的灵魂",反而会成为让人反感的事情。

在快手平台上有一个人为了吸引流量,他输出的内容就是"赶海捡漏",每天内容都显得很"高大上",就是潮水退去,不少诱人的海货就会暴露在沙滩上,有章鱼、螃蟹、大龙虾,可以说是应有尽有。但是细心的观众并不买账,因为一看这样的内容就是漏洞百出,所有视频中的"捡漏"海货,都是提前埋在沙子里的。这样的内容肯定得不到认可,直播下面评论一片骂声,可见真的假不了,假的观众同样不买账。内容不好,就会出现各种让人讨厌的事情,比如:

标题党:标题写得一惊一乍,诱惑人们点进去,结果并无新鲜内容,让用户不但没有得到惊喜,甚至会觉得无聊和受骗。

信息垃圾:这样的内容喜欢"蹭热点"。"蹭热点"没有错,但对于内容既不梳理也不把关,只是不断推送导致信息泛滥而无用,或者因为这种推波助澜无形中造成用户对信息的恐慌。"蹭热点"、过分追求速度和"眼球效应",几乎不对信息真实性进行调查,似乎天天都有"事实",又似乎永远没有"真

相"，这都要不得。没质量先不提，切不可以次充好来凑数量。这样的内容只会让人反感，而不会有好感。

杂乱无新意：人人拥有平台，海量信息源头导致信息混杂。客观、真实、一锤定音的事实和声音越来越少；一个新闻事件或一篇好文章出来，几乎所有平台都在玩"剪切复制"，原生内容严重匮乏。

IP内容为王，本质上强调的是一切技术和资源为优质内容生产和传播赋能，内容是主，技术是客。如果没有这样的价值导向，尤其在这个"人人都能发声，处处都有平台"的时代，如果没有好的内容做支撑，再好的口才，再大的平台，也将会流于平庸。

所以，IP内容既要包括优质的内容，还需要让内容符合平台。换句话说，所谓优质的内容，就是对技术赋能下平台逻辑的创意和想象。试想一下，如果传统电视台的优质内容被硬生生地搬到抖音平台，则无异于"此之蜜糖，彼之砒霜"。在内容打造方面，一般有流量赋能的内容和算法赋能的内容两种类型。流量赋能的内容一般如爱奇艺、优酷、腾讯视频平台和淘宝直播都属此类。这些属于大众化、大流量、小众的垂直类视频很难在这些平台大放异彩。因为小众视频不是流量逻辑，它很难获得站内流量的推荐。而直播不只属于小众化的内容，可以在大流量的平台上得到推荐。算法赋能的内容就像今日头条和抖音、快手，一方面通过算法推荐满足用户的个性化需求，另一方面又以独特的平台逻辑，源源不断地攫取用户的碎片时间。

所以，做内容的时候第一追求优质，第二追求符合平台的逻辑。我们要专注于原创，专心于内容，请记住：匠心出品，必属爆品。内容设计的两个原则,一定要记住:第一原则,可以参照,但不要抄袭;第二原则,内容必须形成统一的标签,统一的气质,统一的文化,只有统一,才有气势。

在做内容的时候有以下几点注意事项:

(1)主播重要,信息本身更重要。如果你做直播光有颜值,但言之无物,卖货或卖知识、卖产品都没有什么内涵,或者你的知识储备不够丰富,产品不良,这依然是差评。

(2)视频不要孤立存在,要用图文等多手段打造内容。视频之外增加一些有用信息会更加吸引观众,比如图片、文字等。移动互联网上的资讯直播,将会以视频为载体,图文为辅助的形式存在,真正实现"多媒体"直播,帮助用户更加及时、立体和有效地产生全面体验。

(3)任何事件都可以成为吸引眼球的内容。未来的新闻资讯,是去中心化的流量媒体传播,这是直播给媒体业带来的巨大颠覆。人人都可拿起手机直播身边的新鲜事儿,直播一场发布会,直播朋友的婚礼,直播一场民间球赛。地球上发生的事情将会在第一时间被传播到对此关注的人,只不过这些事情不一定是大事件,不一定是热点事件,然而它们依然有对应的受众,对于关注者来说依然是资讯,有着直播的价值。

直播的发展,首次让内容接受者也能够自由成为内容制造者,与其他受众分享自己的相关内容,所以立足于内容本身,持续性为观众寻找内容爆点,是直播发展的关键因素。在这个过程中,平台、主播、观众任何一方都不能唱独角戏,而是应该有机结合起来,才能够建立起一个良好的平台内容生态,让直播平台经得起时代浪潮的冲击。

● 创作爆红内容的 N 种捷径

我们知道这个时代是内容为王的时代,所以在开始设计 IP 内容之前,必须要回答几个问题:

(1)你输出的内容要说给谁听,发给谁看?他们的需求你掌握吗?

(2)你想跟受众说什么?你想播点什么?这些内容是你想要的还是他们想要的?这些内容的价值点是什么?

(3)如何把你想要表达的内容准确无误地传递给受众,让受众听得懂,收得到,用得上?你会翻译吗?

(4)同时跟你分享类似内容的人有很多,你凭什么比别人分享得更出彩?引起更多人的兴趣与关注?

(5)透过一篇文章、一张图片、一段视频如何才能吸引一大批受众,从而引爆流量?

我们对这几个问题逐一展开分析:

问题一：输出的内容说给谁听，发给谁看？

会钓鱼的人都知道：抛什么饵（内容输出），引什么鱼。你想要吸引什么样的人，就要设计什么样的内容。你的内容输出就等于你在散发气味，鲜花的香气会吸引蝴蝶、蜜蜂；臭鸡蛋的气味只会引来苍蝇、臭虫。所以，请你不要随意散发气味。你要根据自己背后的目的，围绕你想要的商业成果来规划你的内容。请记住：以终为始，方得始终！

我举一个微信群的例子。这个微信群是户外活动群，在这里面的人一定是喜欢这类活动的人，如果说这里面投放一些户外用品的广告，户外俱乐部的活动，或者相关的产品，那么它的转发率一定是非常高的。再如，你要是做母婴产品的，那会加入很多这种妈妈群，生了孩子的妈妈在一起建个群交流怎么带孩子。还有一些育儿论坛，比如"宝宝树""妈妈帮"，里面有很多主题，每个主题下都有很多相关内容的讨论，客户非常精准。又如，一个股票交流群，这里面大部分是炒股理财的人，如果在这里发一些炒股软件、炒股专用书籍等，就会很合时宜。

所以，你要给自己的内容定位，发给谁看？只有知道谁是你的鱼，你才能精准引流，建起属于自己的鱼塘。

问题二：你想跟用户说什么？传播什么？这些内容是你想要的还是他们想要的？这些内容的价值点是什么？

孔子传播仁义礼智信的儒家思想，让人们知道如何与人、与社会更和谐

地相处。老子传播道法自然的道家思想，让人们懂得如何与自然更和谐地相处，从而运用自然能量。而释迦牟尼佛传播的是人生苦短、万事皆空的佛家思想，让人们悟懂生命的本质，从而与自己的内心更好地相处。你会发现，诸子百家的每一位传播者都是定位明确，内容一致、价值点清晰的，否则就被淹没在思想的洪流中。不同的人对世界释放的信息都是不一样的，那你想释放什么样的内容呢？你的内容有道理，还是有用的呢？你表达的是你想说的还是对方想听的？如果你的内容毫无价值，那么你就无法吸引听众，即使收获一批粉丝，也定是没有价值的听众。没有经过对人心、人欲、人需的研究，被你吸引来的人都是没有意义和价值的。请记住：不要为了吸引人而吸引人，你要吸引对的人！不要为了搞流量而搞流量，你要拥有有价值的流量！结合企业、产品的特点，从用户角度去思考，记住，移动互联网营销是为终端客户服务的。送鱼饵不是一个简单的动作，一个鱼竿推下去就行了，关键的是"鱼饵"是什么？要记住，所有的用户是冲着内容来的，只有推荐的内容有价值，才能黏住他们，才能产生互动效果。

问题三：如何把你想要表达的内容准确无误地传达给受众，让受众听得懂，收得到，用得上？

世界上任何内容都是需要被翻译的，你的目标受众也一样，如果你说的话他听不懂，那即使你的内容再好也无法被他们接受。有些人往往有很强的文化设计能力，却没有文化翻译、转化能力。当你面对受众的时候，一定要讲他们听得懂的话，你要具备无缝并高效地将内容准确地翻译给受众的能力，因为

第四章
电商主播的 IP 内容：爆红的内容如何设计

当人们似懂非懂的时候，人们会对你提不起任何兴趣！再好的内容，没有翻译成用户听得懂的方式，一切都为零。

我有两个学员，一个是酒水品鉴师，一个是茶文化的研究者，他们俩都想要把自己的"IP打爆"，于是我就问他们，你们要输出什么内容呢？他们说酒茶文化。我又问他们："这些文化老百姓听得懂吗？跟他们有关系吗？对他们有什么好处呢？"他们就说不上来了。老百姓不是要学这些文化，而是要解决一些问题。老百姓不关心文化传承的问题，他们只关心跟自己有关的事。文化没有被用到生活中，都白搭。我告诉那个做酒的学员，你不是要输出文化，你要输出"打酒官司"的方法。我告诉那个做茶的学员，你不是要输出茶文化，你应该输出"辨别好茶的方法以及喝劣质茶的危害"，这些内容才是老百姓所关心的。再好的文化，没有能够用老百姓听得懂、老百姓用得上、老百姓说得出的内容方式输出的话，一切都是免谈。记住一句话：与受众无关的话不要讲，不能引发受众重视的内容不要做。浪费生命。

问题四：同时跟你分享类似内容的人有很多，你凭什么比别人分享得更出彩？引起更多人的兴趣与关注？

做同样内容的人大有人在，比如我前面举的例子，同样卖化妆品，薇娅和李佳琦能够完全站在消费者的立场上来卖货。无论做什么，你让消费者体验到与众不同，你才能让别人持续关注。我们用方太家电直播为例：

家电品牌方太联手苏宁易购、国美电器、京东五星电器联合发布方太集成烹饪中心Z系列，举办了好几场直播发布会，实现了从线下到线上的营销模

式,将普通的卖货直播间变成了"品牌沟通+消费者体验"的美好直播间。

家电不像口红或者一套化妆品那样能够让利轻易实现带货。所以,方太家电把心思花在了"消费者的超级体验"上。在发布的直播场景中,方太结合产品特点,设置了烹饪区、生活区、换装区,为消费者创造身临其境的场景体验。在烹饪区,消费者看到直播大厨用30分钟准备了六菜一汤,让消费者看到了家电产品的强大功能。生活区则邀请厨房达人分享生活体验,让消费者了解产品,感受有品位的生活方式。换装区直接设置了有橱柜和无橱柜的两种装修方式,直接呈现了产品在空间上的集成表现。正是这样的三个场景的设计,让消费者看得更直观,体验得更充分。与此同时,方太首次对外完整提出"全场景健康厨房"理念,开启中国家庭全身心领域的健康生活体验。从倡导健康生活的角度引发消费者共鸣,塑造积极正面的品牌形象。正是这种打造消费者全新体验的设计,使得方太家电直播达到了非常好的品牌传播效果和营销带货效果。

问题五:告诉我们如何出类拔萃,如何一鸣惊人?

互联网上内容输出的途径:文、图、音、视、播,每一种内容呈现的方式都有不同的表达路径。你想要出彩,你就要先弄懂受众的行为习惯。比如你要发一篇文字,前面的那几个字就是重点,能不能在5个字以内引发受众的兴趣,人们没心情看你长篇大论,即使有也是后话。所以就有了所谓的"标题党",他们绞尽脑汁地去编写标题,一个标题的好与坏直接影响到该文章的点击量。而如果你要发一个图,在瞬间就要吸引受众的眼球,否则你图中再有深

第四章 电商主播的 IP 内容：爆红的内容如何设计

意也无济于事。你要发一个短视频，受众刷过时只有 0.1 秒的机会给你，你能不能抓住这个机会引他留下。这就是玄机所在。

我大概总结了一些内容设计的诀窍，供你参考。不过，这方面的知识你要在网上去搜，会有很多。我主要想给你分享的是核心的规律，而不是具体的方法。关于文字设计核心：干净利落，没有废话，直指人心，海报的文字脚本不要超过 20 个字，短视频文字脚本不要超过 40 个字。一篇文章的开始 5 个字，必须把受众带入，必须引发兴趣，必须与他有关。这些都是关键。图片设计核心：内容排版不要平铺直叙，记住 12 个字：画龙点睛，焦点明确，色彩分明！音、视频设计核心：记住 0.1 秒法则，语不惊人誓不休。总之内容的设计，就要做到像美女穿衣一样，裸奔不行，但越少越好、越短越辣。请记住：人心浮躁，越短越好。

● 那些爆红的段子,你研究过吗

在网络搜索引擎上"段子"或"段子手"被列入一级栏目,其仅次于"热门"和"推荐"之后位列第三,足见段子的火爆。那么段子为何这样红呢?那些爆红的段子你研究过吗?那些段子的内容以及说段子的人,他们是怎么红的呢?

段子爆红的第一个特点是,段子往往紧跟热点,而且接地气,同时还搞笑或带给人豁然开朗的感觉。段子比新闻来得快,比文章来得简洁,很好地适应了信息时代,人们快节奏、时间碎片化、需要减压的特点。无论是"脱欧公投"这样的政治、经济大事还是吃喝玩乐的市井百态,只要是能引起广泛关注的热点事件,段子手都能够迅速反应,立马制作出来段子并迅速传播。往往是不少重大热点事件还未尘埃落定,段子就已经出来了。在内容上,段子能做到雅俗共赏,老少皆宜。很多优秀段子能引起千百万名受众深深的共鸣,往往会不由自主地进行转发,形成"病毒式"传播,瞬间就能传遍大江南北。

段子的语言风格往往通俗易懂且大多数诙谐幽默,给人以轻松平易的感觉。再大的事,经段子手加工后,也不过是"谈笑间,樯橹灰飞烟灭"的境界。以至于在很多貌似很严肃的场合,演讲人在开讲前,都喜欢先讲个段子来活跃下气氛。

朱广权在央视主持节目时说过一段很有名的段子:"亲爱的观众朋友:地球不爆炸,我们不放假。宇宙不重启,我们不休息。风里雨里节目里,我们都在这里等着你。没有四季,只有两季,你看就是旺季,你转台就是淡季。"逗乐了不少网友,段子也得到了不少人的认可和传播。尤其在高中学生即将开学之时,他又说:"同学们!经过漫长假期,现在是不是语文不会,数学崩溃,生物鸡肋,物理心碎,历史没背,英语颓废,化学很醉,就体育还好,武功全废?这种痛直穿心肺,欲哭无泪,让你清醒认识到,时间紧迫,机会宝贵,珍惜时光,不进则退!"朱广权不仅会说押韵的段子,还有丰富的文化底蕴,比如在《经典咏流传》中说过的一句话也迅速走红:"你背了那么多诗词以后就会发现,你曾经和庄子一起坐大鹏之背,扶摇九天;和司马迁看过江山无常,繁华落尽人世间;和曹操横过槊,和李白醉过酒,和陶渊明采过菊,和白居易折过柳……"

可见他不但是个好口才的人,更重要的是一个有才华、有底蕴的人。所以,爆红段子的第二个特点就是说段子的人是否有才。

此外,《吐槽大会》的嘉宾李诞。他写的段子在嬉笑怒骂中说出了人生的各种滋味,搞笑又不乏深度。他长得不怎么样,但是才华横溢,身上自带光

芒，让人不得不佩服。其实，李诞之所以会火，是因为他符合这个时代的需要。这是一个生活节奏很快的时代，人们的压力普遍很大。李诞很了解年轻人需要的是什么，因此他的段子能够一下子戳中你的笑点，他说的话也能让你深思，他的生活态度会让你反省自己。而且他很真实，不虚伪做作，很对年轻人的胃口。所以，李诞让我们看到了自己，自然也就喜欢上了他。

所以，段子爆红的第三个特点是能够写人之心理需求，对别人的胃口。

我们分析发现那些爆红的段子都有共同的特点，那就是讲出来要接地气，不要为了"鸡汤"而讲一些高高在上的、不接地气的、讲一堆废话和大道理的、教育人的……这些肯定不讨喜。另外，写段子的人一定是不矫情、不做作的人。在这个越来越扁平化的时代，人与人之间都是平等的，所有人都喜欢像自己一样的人，而不太喜欢高高在上的人。第三点也是最关键的点，那些爆红的段子大部分都能戳到听众的心，使你听后觉得就像说自己一样的那么亲切。这就是这些段子之所以能够爆红的原因。

一条视频如何做到浏览量过百万、千万

拍摄抖音、快手短视频的,在头条拍摄小视频的有无数人。大多数都是普通人,而且大多数拍摄出来的视频看的人很少。几乎 95% 的人的视频都没有得到很大的播放量,没有变成爆红的视频。但还是有 5% 成了爆红的视频。那么,一条视频是如何做到浏览量达到百万、千万的级别呢?能够吸引流量的肯定是优质的短视频,一般具备以下特点:

(1)观众愿意观看:包括拍摄内容、封面、标题、介绍等方面肯定具备吸引力,然后才能提升播放量。

(2)观众愿意在视频上停留:比如可能封面很吸引人,但是点进去之后发现内容和封面不符或者其他原因而放弃观看,这时完播率会比较低。

(3)观众愿意互动:主要是点赞、分享、评论、购买。

优质的视频往往都符合这三点,才能带来百万、千万甚至更多的浏览量。

优质的视频本质依然是内容,某种程度上,它跟图文、音频其实是同一

件事。而内容的本质是什么？是流量。无论是网红，还是企业官号或者是普通人的自媒体拍摄的小视频，不管我们看到了什么，其实都是在做流量，只是用不同的方式来获取更有价值的流量而已。整个流量的环境变化曾经历了两大阶段，第一个阶段是PC时代，PC时代获得信息主要靠搜索，那个时候我们点击进入门户网站，只要上面放了广告，就得被迫看它。那个时候是千人一面地分发，所有人必须看同样的内容。第二个阶段就是现在的移动互联网时代，传播的方式变了，每个人都是传播的节点和个体，打开手机我们会看到各种App。PC时代通过点击链接跳转，所有的数据都能被有效记录，但在移动互联网时代App却不像之前那样，每个App更像一座数据孤岛，相互不连通，只有一样东西可以打穿这样的孤岛，就是内容。我们看到那些爆红的主播也好，自媒体大V也好，他们拥有不同的平台，但不同的平台内容几乎都很有影响力。

另外，虽然不同的平台内容都要具备影响力，但不是每个平台都可以变现。有的人在抖音养粉，却在快手赚钱；有的人在微信养粉，却在《今日头条》赚钱就是这个道理。要想让视频浏览过百万、过千万，对平台的规则熟悉程度也很重要。

比如，抖音莉哥，她原来是快手网红，在抖音短短不到一年的时间积累了4000万的粉丝，将近1亿多的点赞。然而她被封杀了，理由是在虎牙用了戏谑的方式唱国歌。她的视频浏览量很大，但她的收入是靠直播而不是广告。而且她虽然在抖音里粉丝很多，但却在快手和其他平台做直播，原因就在于抖音只能跟着平台流量和规则走。只有跟着个人流量走，你的直播才能稳定地吸引足够多的粉丝来付费观看。在快手上想要赚钱就养号，100个、200个都可

第四章
电商主播的IP内容：爆红的内容如何设计

以。但在抖音上你就要快速地变现快速地收割，它并不是作为流量池的理念出现。

所以，知道这些我们就要从头开始，从建号养号开始。以抖音建号为例：

（1）建立基础：进行"养号"10天左右，多浏览同类型的视频并点赞关注评论，同时要完善个人资料，多录几个小视频，便于在提升知名度后，让粉丝"顺藤摸瓜，有迹可循"。

（2）寻找爆点：我们寻找与自己内容相关的趣味"梗"。但始终要牢记，我们以引流为最终目的，不能一味玩"梗"，否则和普通的娱乐号没有差别了。

（3）适当剪辑：刚开始运营的时候，视频不能过长，要保证完播率（用户把你视频完全看完的比率），完播率越高，系统推荐率就越高。

（4）重视留言：流量打开之后，留言咨询接踵而来，我们要重视每一条留言，抓住机会引流成为我们的客户。

除养号以外，还要在多平台多渠道传播自己的账号内容，以及中等规模的平台上互粉和互相点击了解，比如"今日头条"App有几千万的用户量，只要你的内容品质高，就可以获得今日头条的推荐，浏览量上万甚至10万+都是分分钟的事，和微信公众号的机制不一样，无须你积累大量的订阅粉丝。不要吊死在一个平台上，聚沙成塔，同时在10个以上的中大型自媒体平台上开设你的专栏吧！尽早开始尝试利用视频、音频、图片等新媒体平台进行传播。值得我们关注的新媒体平台包括优酷、QQ视频、《今日头条》视频专栏、荔枝FM电台、喜马拉雅电台、红点直播、视频直播系统等。平时多留意新兴的自媒体或新媒体平台，如果发现某个平台在短期内快速蔓延，则尽快地早期切

入,开辟你的根据地,从而轻松享受平台快速发展的红利期。

另外,一旦通过多平台、多渠道引流涨粉以后,还要建立自己的粉丝群进行持续的价值提供,以达到粉丝传播的裂变。有"礼"走遍天下,可以不定期地举办推广小活动来激活转发,比如转发领红包、转发+点赞有奖等。

那么,在有了平台传播和粉丝积累以后,对于视频的打造还要注意以下几点:

一、视频的封面很重要

一个视频无论你拍得再怎么好,花费多大心血,如果别人没有点进去的欲望,那么这部作品也是白费的,从某种意义上说是失败的。多在封面上下功夫,可以用到PS图片合成,加上文字注释,给用户释放一些信息,加上一些疑问句引发好奇,用户有点击的欲望,只要用户点进去了,你已经成功了一大半,如果用户看了后都不想点击,那再好的视频也会埋没。

二、好的标题简洁明确

一个标题给人何种信息这个很关键,当你的作品推荐给兴趣用户看时,别人第一眼看标题然后看封面,你的标题一定要简洁,不要啰唆,明确内容的主题,增加一些神秘感和好奇感,让用户有点进去的冲动,如果你自己看了都不想点击,那就换一个标题试试。但是千万不要做"标题党",不要起一些跟视频内容无关的标题。否则用户看了后会反感。

三、内容有价值

一个好的视频里面的内容一定是很丰富的，能给人带来价值，产生共鸣。拍摄前一定要设计好你的内容，不是说拿了手机就随便拍拍，用户看了后能有所收获，能给人带来知识和开阔视野的有价值内容。用户观看后有转发收藏和点赞的意愿，这样的视频曝光率才会逐渐提高。

四、探索用户心理永远是对的

任何营销高手都是打心理战的，他们明白用户喜欢什么然后去做什么，明白用户的需求痛点，找到这些规则后，就可以持续不断地输出此类视频，相信粉丝会越来越多！

总之，不是所有的视频都能有非常好的浏览量，但好的浏览量背后一定是优质的视频。想要拍出这样的视频，需要找方法，不断地调整和尝试，多去看别人的爆款视频，一定可以从中学到很多有价值的东西。百万播放量不是一朝一夕可以拿下，都是沉淀了很久和积累了很多粉丝才可以做到的，这些都需要有一个长期坚持的过程。

● 能掘金才是 IP 的长久之道

衡量内容 IP 打造的好坏涉及流量的大小，更主要的是能否靠内容的创建达到赚钱的目的。因为，随着流量费用的降低，消费习惯的升级，智能手机的普及，流量已经没有载体门槛，尝试门槛也变得极低。尤其在四、五线城市，这是一块被忽略的庞大市场。如果团队还不是很完整，不妨从本地方言的模仿起步，"俗"和"土"照样能渗透四、五线市场。用户时间是最宝贵的资源，能否获取用户时间，决定了内容在市场的价值。用户碎片时间开发程度并不高，是阶段性蓝海，等电梯的碎片时间成就了分众传媒，吃饭的碎片时间成就了美食类直播节目。针对朋友圈开发的超短视频，根据特定场景开发的短视频，在我看来都是短视频里的蓝海。内容的输出如果能够在掌握用户时间的同时，达到赚钱的结果，才是好的内容。我们从现在比较火热的平台直播角度来看看，最终实现内容变现的方式有哪些：

一、广告式赚钱

当你已经是抖音达人或快手红人的时候,可以通过视频贴片、冠名直播、形象代言、互动贴纸、发起挑战等各种方式进行品牌合作营销。比如李佳琦由于卖口红成了直播达人以后,据说现在接一次广告的费用已经高达五六百万,而且还需要提前预约。比如明星鹿晗实现了广告的变现,既是VIVO的代言人也是小米的代言人,但却并不违和。很多抖红和快红,有的出场费和广告费早已超过了二三线明星,所以,无论打造的是什么内容,一旦有了流量池,有了粉丝,广告就是掘金首要考虑的。

二、做电商赚钱

直播短视频着实带火了不少产品,很多电商平台都有搜索结果展示"抖音网红""快手产品"等,也有不少服装、美妆等播主会在抖音上为自己的店铺引流,抖音也已经为部分抖音达人开放了直达淘宝的功能了。2018年3月26日前后,抖音出现关联淘宝的卖货链接,多个百万级以上的抖音号页面出现了购物车按钮,点击后直接跳转到淘宝的购物页面。

三、导流赚钱

前面我们讲过,有的人在不同平台做优质内容聚集粉丝,但却可以导流在一个平台赚钱。有些抖音号虽然不能在抖音上挣到钱,但却在快手或其他平台获利。至于导流在微信公众平台如何变现,那就有太多成熟的方法了!

四、卖知识和技术赚钱

目前知识和技术是有用的,比之前更有用,只要你有微课资料或学院的课程,如乐器、绘画、舞蹈、健身减肥、瑜伽养生等都可以用来直播赚钱。《今日头条》已经开通了知识付费专栏,抖音开通的日期应该也不会太远。还有一些技术类的直播可以借助商业信息不对称赚钱,有的人习惯用钱去买时间,而有的人用时间去换钱,通过类似的知识赚钱的方法很多。其实只要你有绝活,完全可以在抖音上活得很滋润。不得不说,知识付费的红利才刚刚开始,因为学习对于很多人来说就是一件终身的事业。

五、账号变现赚钱

账号交易由来已久,有人转让微博号也有人转让微信号,当然也有人转让直播号,如抖音账号转让,抖音粉丝转让,最后应该会演变出账号交易的平台。有很多掌握了抖音规则的个人或团队,自己做了大量的带粉丝账号,然后按照粉丝数量估值转让,因此而获利。

六、卖自己赚钱

由于直播属于信息的传播,一旦有一条内容爆了,那么全国尽人皆知就不是难事。比如,有一个人因为拍了一个爆款视频,播放量达到了8000多万,这个视频的主人公出去坐公交,直接就被人认出来并像见到明星一样惊呼。这就等于因为一条好的视频内容而成功宣传了自己,把自己卖了出去。所以,要

第四章
电商主播的 IP 内容：爆红的内容如何设计

把个人 IP 做成品牌、做成一个赚钱机器，模特、网红、原创歌手等。只要成为 IP 了，赚钱的途径基本上就不差了。比如李子柒就是一个高价值的个人 IP。在创立自己的品牌前，李子柒最主要的收入来源于淘宝店铺的盈利和短视频收益分成，不过以她在 YouTube 的影响力，光是海外短视频的收入就很是可观。

直播由于其明显的网红标签和网生属性，必然使得它能够与粉丝之间存在着亲密距离的深度互动，从而提高了自身的转化能力和变现能力。这也恰恰意味着，直播经济正在成为某种意义上的下一代互联网世界的入口和新一轮产业创新的风口。

关于直播是否能红，不是找几个人拍一下，剪一下，说一段这么简单。只有优质的内容才能做出百万大号。所以，本章节重点探讨了主播爆红 IP 的内容设计，形成个人 IP 在垂直领域的高度和影响力，通过学习和深度思考形成带有自己思想烙印的原创内容，从而唤起粉丝的情感共鸣。同时要持续输出相关内容，获取粉丝的持续热爱，不能东一榔头西一棒槌，这样不仅得不到平台推荐，也无法获取优质粉丝。

第五章

电商主播的 IP 传播：播与传哪个更关键

● 爆红的根本在播更在传

营销的核心就是传播，而传与播又是两个动作。播是发布，而传是转发，你会发现播的内容很重要，而传的效果更关键。有很多有质量的内容或段子播出去以后波澜不惊、销声匿迹，其根本问题就出在"传"这个点上。我们用10%的时间去研究播的内容，而我们却要用90%的时间去设计传的渠道与方式。

在社会化营销时代，"传"比"播"重要。传统营销，品牌主习惯了要把品牌信息告诉消费者，其实这只是广播信息。很多品牌仍然认为传统的电视广告、印刷媒体、户外媒体这些是单向传播的有效营销方式，仍然会投放大量资源去购买渠道，但是却不知道实效有多大，浪费有多少，迷恋着"播"的主动性。现在是互联网时代，数字时代，不再像传统营销，"传"与"播"有了同等重要的力量。

因为，根据调研报告显示，今天的很多90后、00后，对广告无感，甚至不再看电视节目，不再看报纸杂志，真实的千人成本早就大大提高了。今天的消费者，已经拥有了创造品牌内容的主动权，他们能通过口碑塑造品牌，威力比品牌所要做的更大。所以，"播"不再占主导地位，而"传"更显效果、更有力量。品牌应该做的，就是让他们去"传"，要更多地引起用户自发产生地内容，鼓励消费者发布对品牌有利的内容。要去主动发现用户，积极地跟他们互动聊天，发挥"传"的最大效果。

传统的"播"是品牌自说自话，让消费者被动接受，这个时代已经过去。现在人人都是出品人，都是媒体传播者，想要爆红，就要让消费者去做传播者，鼓励他们去"传"，去产生口碑。

那么，想要一个段子，一个视频，一段文案，引发大家的共鸣、得到大家的转发，形成爆文、爆图、爆点，一篇软文10万+的阅读量，一段短视频几百万的播放量，一篇营销性链接成交上万人，这到底凭什么呢？如何才能做到更多的流量关注呢？这就是我们这一章节要研究的主题。想要形成爆点，就必须搞清楚目标受众的心理需求，只有明白了需求，才能有针对性地制作爆文、爆品。

要想达到"传+播"的威力，那么我们在内容的设计上要明确几个问题：①我们把内容发布出去凭什么流量会大？②受众为什么会转发我们的内容？③受众在转发的时候他的心理需求是什么？④我们如何创造被大家转发的内容？

内容发布出去凭什么流量会大？流量大是我们的传播诉求。而流量大只有两种可能：一是因为我们的内容引发了受众的共鸣，二是可能由技术平台的

流量扶持、强推了上去。当然没有第一个做基础，第二个不可能实现。例如：4月1日罗永浩直播带货这个事件，就引发了大量的转发动作。很多线上大V通过各类渠道、各种方式进行评价、转发，结果就达到了爆红的效果。直播的结果大家也知道了，粉丝流量3000多万，带货成交额1.2亿元。我经常说外行看热闹而内行就要研究门道了。这个事件跟我们有什么关系？"吃瓜群众"的热情又是如何而来的呢？为什么一个内容出去就流量会很大呢？原因就是这个内容引发了病毒式的传播，就是像病毒一样裂变，一传十、十传百、百传万、万传亿。然而也有很多内容从一传到十就结束了，就是第一批收到内容的人已经停止了转发分享的动作，就是对你的内容不感冒。

在短视频的平台中，也有一个算法公式恰恰助推了这种几何级爆发的可能。你就会发现，有些靠一个短视频就可以得到几千万的阅读量、几百万的粉丝点赞、几十万的粉丝转发，最后获得上百万的粉丝。当你发布的短视频引起了1000人的完播量，并有30%的粉丝点赞，有10%的评论并转发，这个视频就将进入10万级的流量池，然后又是一样的算法，你又过关了，就要进入平台的100万级流量池，最后再进入1000万级流量池，那么恭喜你，你红了！这是平台通过粉丝的反应数据给到每一个作品的流量扶持。这些数据及计算公式都是在平台公开的，你可以通过平台了解。但关键是，你的作品该如何才能做到呢？

无论是之前我们玩朋友圈还是现在看短视频，人们主动去转发的内容一定是打动了自己，才有心甘情愿转发的冲动。比如最常见的那些"测试"，不管测试的结果是否准确，一旦有测星座的、财运的、五四青年长成啥样的、情人节能否脱单的，这些都会刷屏。因为测试让用户在这里找到了"自我存在感"。他们是享受自己被测出来的那种幸福感和成就感，所以才会转发。看看大家常常在朋友圈晒什么旅游啊，美食啊，包包啊，口红啊，毕竟不好直接晒钱。通常来说，旅游和美食几乎是和幸福感关联最直接、视觉冲击最明显的品类。争强好胜永远是用户分享的一大目的。看看那些健身的、计步的应用，还有各种游戏战斗成果分享就知道了。

所以，当你的内容是帮助客户实现幸福感和存在感，他们一定会主动自发地去传播，再不济也要让客户觉得转发你的东西显得他很"高大上"，这样才会让人乐于参与。

想要做出让人转发的内容，一定遵循一个原则：先有内容—传播—观察—数据反馈—继续优化—真正的完善。以美食类为例子，你在吃饭的时候会考虑这么多逻辑吗？哪个吃货选购美食时会考虑你这个内容没有逻辑性、说得不顺畅，我换一家吧！所以，内容的表达要重视感官体验！也就是从内容中可以读出真实的味道，是读完之后就感觉已经闻到了美食的香气，看到了美食饱满的色泽，品尝到了美食饱满的口感。这才是对美食的正确表达方式吧？当明白了这些，还要自己问问自己，我的内容受众关心的兴趣点在哪里？而不是自嗨，你觉得再好的东西，如果仅仅是自我欣赏，那么就起不到任何传播的作用。所以，无论是写文章还是做视频，传播点在哪里，哪里值得传播，一定要了解清楚。因为有了这个点，才能有后续被传播的可能，否则只能放在自己的账户里自己欣赏。

● 人们转发的动机和心理需求

俗话说，要想钓到鱼，就要像鱼那样思考，而不要像渔夫那样思考。想要让别人帮助传播和裂变，那么就必须站在消费者和观众的角度思考问题。但是，很可惜，现在有很多人不知道这一点，他们往往喜欢站在自己的立场思考问题，而不能很好地分析动机和心理需求。在我们做内容时一定要多角度考虑用户感兴趣的点，还要思考一下，什么样的内容会引起传播？

（1）幽默搞笑。

（2）专业知识。

（3）使思想、情绪等产生共鸣的内容。

（4）与用户性格特点贴切的内容等。

如果你的内容与以上范围全部无关，那么用户为什么会阅读和传播呢？

这就是第二个我们要弄明白的问题，想要别人传播，就要了解人们关注、点赞、转发的动机是什么，他们的心理需求有哪些？想要弄清楚这个事情，必

第五章 电商主播的 IP 传播：播与传哪个更关键

须反问自己，在你过去的经历中，你一定有转发过某个段子、视频等内容，你有没有认真地想过，自己的转发动机是什么呢？行为背后都有动机。动机是什么呢？你可能说引发了共鸣，可能说好玩，可能说传播正能量，可能说有价值。这些都不是根本。根本就是一句话：人们一切的转发动机和需求都是为积累"社交货币"。这个词不是我发明创造的。社交货币就是人们在社会上交流沟通的筹码，这些构成了一个人的价值标签，最终呈现了一个人的人格画像及社会地位。

在转发过程中到底满足了人们哪些心理需求呢？比如你刷到一个搞笑的段子，你发给亲友，那么你的心理需求就是给对方创造点乐子，让彼此的关系更融洽，是心理调剂的一种方式。比如你刷到一个关于孩子教育的段子，你认为跟你的现状很像，表达出了你想要表达的观点，于是你转发到朋友圈，你的心理需求就是寻找共鸣，想让更多的人理解你的心声。这是一种情绪转移的诉求。想要你的内容得到病毒式的传播，就一定要满足人们积累"社交货币"的心理需求。

通过对大量成功案例总结，我发现一个人会去转发一条微博或一个朋友圈消息或一个视频的根本原因，从心理层面上来说主要就是三个半出发点。

一、喜闻乐见

看到了让人心情愉悦的事情，比如那些深夜还在路上奔波的人，比如感人的画面和故事，比如那些中年人的字典里没有容易二字的煽情视频或帖子。这些或温馨或感人都会让人看了通过了解别人的故事反观自己，从而产生一种

偿还感，觉得有人比自己还不易，因此心情愉悦。这样的故事或帖子往往转发率非常高。

二、感同身受

帖子中或段子中，或视频中讲述的故事和内容让人一看就觉得"这说的不就是我吗"，这样不用说也会让人转发，因为观看者找到了一种身份认同和代言，转发别人的故事来塑造自己的标签或感受。

三、感觉有用

比如有些帖子或视频教给儿童如何防拐，手机如何防骗，某个东西怎么操作，这样的帖子会引发读者或观众的心理需求，认为对自己有用的东西转发给别人一定也有用，因为这些得到大量转发。

还有半个能得到多数人转发的就是抽奖或兑换礼品，爱占小便宜是人之常情，所以很大程度上只要说转发集赞就能领奖的内容，往往能得到大部分人参与。

从以上三点半中的内容来看我们不难分析得出人们转发的动机和心理需求：在情感上要么感觉爽，要么有用。在行为上，能够帮助用户做出改变。

心理上：大部分用户阅读内容，主要是为了满足理性与感性的心理触达诉求。情感上的需要比生理上的需要来得细致，比如愉悦、愤怒、悲伤……总之，能让用户看完觉得很爽，就是超高标准。当然，这就要求我们：找到与目标用户相匹配的情绪，满足他。比如，很多搞笑段子和视频就是希望用户在生活压力中能够看到视频收获放松和开心,所以这类型的视频转发率很高。

行动上:能够引起用户做出具体行动上改变的内容,才是用户更深层的需求。只有这方面的内容,才能在信息泛滥的海洋中突破"知识边界",成为真正意义上的知识。此处补充个知识的判断标准:能引起用户思维或行为上改变的信息,才称得上知识。如果你现在的工作,有机会帮用户实现他的理想、抱负,提高他解决问题的能力,那就持续给他提供改变思维或行动的内容,这是最高标准。落实到行动上:找到目标用户成长的障碍;给出相应的解决措施。比如,现在很多知识型的 IP 能够得到关注,像提高别人演讲能力的,提高情商的,提高育儿水平的,提高企业领导力的,等等。这些内容往往能够给到别人解决问题的方法,也能得到大部分人的认可。

也有人问过我,"老师,我感觉自己的自媒体内容很不错,但是别人总是收藏却不转发怎么办?"我认为这是一个很好的问题,也是一个很常见的问题。我自己就有这样的心理,这么好的资讯或知识我看到了不能让别人看到,不如点个赞收藏一下。所以,遇到这样的事情我们是该高兴,还是因为别人不转发分享而难过呢?这里就要思考一个问题,为什么别人要分享你的东西?说得直接一些,你的内容就是你的产品,你需要给用户一个购买的理由,有了这个理由大家才会转发分享。本质上来讲,每个人其实都是喜欢分享的,你见到过几个人藏得住秘密?但人又都是逐利的,没有理由谁会分享!就像前面我提到的社交货币一个道理,钱是容易流通的,你的内容具备了社交货币的属性就容易流通。一般具备社交货币属性的内容包括:

为用户提供谈资:你的内容能给用户提供谈资吗?比如,有些颇具观点

和争议的内容,大家一般比较喜欢转发。像"14岁以下孩子犯了法要不要判刑"这样的议题,人们很容易讨论,容易流通。

帮助用户表达想法:你的内容能帮用户说出内心想说的话吗?能帮他们表达一直压在心底的想法吗?比如,有一个视频是"家长吐槽教育乱象"的,里面讲的句句都是大实话,这样一来人们肯定喜欢转发,因为帖子把自己不敢说的话都说了出来。

帮助用户塑造形象:你的内容能帮用户塑造和强化他们想要的社交形象吗?足球迷更容易转发世界杯信息,不是吗?如果你的内容对某个领域有针对性,那么处于这个领域的人一定会喜欢。

满足用户帮助他人需求:你的内容能够让用户帮助自己的朋友、家人、同事,完成利他的举动吗?比如"如何劝自己的父母不上卖保健品的当",这样的帖子尤其是权威帖子转给父母看,父母不听你的话,但听专家的话或权威的话。

所以,具备这些或是更多的社交货币性,就能大大提高转发分享的概率。你在自己的内容创作完成以后,问问自己,我的这篇文章、这个视频、这个小短剧可以作为社交货币吗?读者分享转发的可能理由是什么?思考它,强化它!

内容转发传播的原则和场景

互联网时代都是通过音频、软文、视频等方式进行的内容传播。现在很多人通过网络能快速地获取流量，但是有一大部分都是垃圾流量，而社交裂变出来的流量更长久。所以，不但要追求高流量，还要追求精准流量。从不少官方平台上的数据可知，现在人们获得的内容来源渠道分为：公众号、好友转发朋友圈、小视频、直播等。

从接收的动作上可分为以下三种：

偶然刷到的：这类内容通常随机性较强，多是新闻类、热点类、炫耀类的内容，核心关键字是"晒"，一般是从自己的朋友圈中发现的，或者从自己关注的账号里发现的，如果觉得好会继续转发和传播。

好友转发的：这类内容通常采取定向交流的方式，有着明确的主题与交流诉求。这就要求我们在内容上，侧重观点类的，能够让用户讨论起来的，核心关键字是"聊"。

自己主动搜的：不论是搜某一个号，还是某一话题，其行为都是在寻求建议和方法。因此，如果你在考虑选题的时候，优先提问型，会有不错的效果。

知道了用户获取内容的接收方式，那么想让用户对内容进行传播和转发，需要考虑三个原则和几大应用场景。我们先看内容输出的三个原则：

原则一：不要自我陶醉要面向大众化。因为内容是为了吸引用户的，所以包含着两个要求：从目标受众的角度出发，远离自娱自乐；一定要搞明白，内容是写给别人看的，还是写给自己看的。这是一个基础也是一个硬规定。如果是做给自己看的，你不发社交圈也无所谓，有没有平台也没无所谓，反正你也不需要吸引别人。如果想要吸引别人，就一定要写别人爱看的东西。

原则二：逻辑在前，才华在后。我们常说内容有趣胜过词藻美丽，成年人的碎片化时间不会花在去研究不符合逻辑的东西上，他们不想动太多的脑筋。在内容产出的过程中，一定要有清晰的逻辑，要围绕主题去创作，而不能图一时爽快，围绕细枝末节或者表达方式去无限延伸，这就得不偿失了。

原则三：不要临时起意，要系统规划。一个好的视频或文章，它自带威力，能够传播的威力也十分了得。所以，不要图太多"滥而不精"的量，而要系统性地规划选一个好的选题努力去做。要思考内容整体产出，很多作者都是创意型选手，能够胜出的甚至被大量转发的也一定是以创意取胜的。

明白了这三个原则后，还要考虑内容的应用场景，也就是什么样的场景更能吸引人们去对号入座，从而产生分享的欲望。

一、把你的观点借助权威人士说出来

人们常说，一个人一旦成功了说啥都是对的，因为成功人士说出来的话更容易让人信服。同样讲教育的知识，俞敏洪作为新东方CEO就更有权威，一个普通的家长就不一定让人信服。所以，你的内容和观点借权威人士的口说出来，更容易增加内容可信度，从而加深用户对内容的印象。当然也不能无底线地去胡编乱造名人名言，合适的做法就是日常多积累和自己领域相关的名言金句。方法很简单，效果很突出。

二、用户喜欢得到一些资源，你要投其所好

用户最喜欢收藏或转发对自己有用的东西。从内容上来说，比如教程类、案例类、资源类、清单类的，用户在整个流程里，体验非常简洁、直接、高效，满足感非常强。比如：10个可商用的图片网站快收藏，500部电影资源免费领之类的，转发送书籍等。但需要注意的是，免费的东西要慎重给，让用户对这个免费的礼物的刺激感延长一些。同时，对那些免费资源的真实性和合法性需要核实充分。

三、你越普通用户越认可

马斯洛的五大需求里说，人人都有被尊重的需求。你的内容打造切忌不要变成高高在上的机器人，而要变成有血有肉、有情绪的普通人。这样用户才觉得你和他们是一伙的，是同一水平的。一个不平等的交流位置，势必得不到

真实的沟通。当然，做内容的时候，也不是一定要去刻意卖萌，而是通过构建各种平等的交流场景，将内容里的友好态度顺利传达给用户。

四、把用户当朋友

无论做什么内容，能够与用户平等交流的人已经属于优秀的运营者。如果还能把姿态放得更低，然后去和用户聊、去玩、去交朋友，这样就会得到更多的支持。抖音和快手的那些爆红者，都把粉丝称为"老铁""家人"，就是一种放下姿态的平等做法。与其研究"我该策划什么内容"，不如多想想"我该如何与用户玩"更重要。

五、要让用户感觉实惠，而不是压力

早些时候人们总发一些特别让人反感的信息，如看了不转将怎样，如果家有女儿的应该转一下，如果家有儿子的为儿子祈福，这类的内容用户是迫于压力转发的多，并没有让人觉得得到实惠。如果换一种说法或许别人更乐意转发和传播。举个常见的例子：很多人会在文章末尾加上一句"欢迎你把文章转发给你的朋友"，如果调整为"如果文章对你朋友也有用，欢迎转发给他"，用户的接受意愿会明显增强。

六、触发别人的认同感

我们肯定在生活中遇到过这样的场景，当你走到一个乞讨者身边发现他面前的铁桶里没有钱的话，一般不会触发你的同情心，如果铁桶里已经有了一

些钱的话，你就会想"别人都给，我也给点吧"，这就是触发认同感的效果。如果你的小视频刚发出去有人在下面留言，就要把留言赶紧放出来，给后来的用户"打个样儿"，这样能形成别人的认同感，会引发别人关注或转发。

七、稀缺的东西就是价值

无论什么内容，如果别人没见过，在百度上搜也搜不出来的话，就会感觉很高大上。信息泛滥的当下，稀缺的东西往往代表精贵，内容同样如此。虽然这类内容制作成本高，短期来讲性价比也不高，但它是每个组织长期要做的事情，因为这种内容才是树立自身品牌和竞争力的关键。

八、反常识等于不走寻常路

之前很多人说"温水煮青蛙""鸵鸟遇到危险会把头埋在沙子里"，这似乎是常识，但忽然有个人跳出来说"温水煮青蛙"是错的，青蛙绝对没有人想象的那么傻，敏感的皮肤遇到一点点水温变化就会立刻跳出来；鸵鸟也绝对没有那么弱小，它的大长腿会甩敌人18条街，怎么可能顾头不顾尾地任人摆布？这就是一种反常识，而且这样的反常识内容已被很多自媒体人当成爆款法宝。《逻辑思维的写作方法》中提到过，他们反常识的选题占40%。特别是大家很熟悉的、常识性的内容，必须"毁三观"，而且强调要彻底否掉通常的认知结构：我先给你总结出你所知道的，然后告诉你那些全是错的；其实应该是什么。关于反常识，我们要守住两个底线，第一，要给用户提供用得上的新思考角度；第二，别做"杠精"。

● 把自己打造成超级 IP 传播体

我一直对自媒体是这样解释的：自媒体，就是你自己的媒体。你的文字、声音、视频、思想和所做的事，都在传播一种信息，从媒体属性而言，你跟一家电视台、一家报社和一家公司是一样的。最好的内容传播就是把自己打造成一个超级自媒体，然后自带能量去影响别人。要明白自己能干啥。李佳琦直播带货那么牛，因为人家有天赋、有团队；薇娅直播一晚上赚一套房，因为人家有资源、有团队；李子柒拍视频那么赚钱，因为人家有天赋、有团队。这说明那些红爆的人都是既有天赋又有团队。价值引爆，其实就是把自己的优势和天赋放大。不管你是干啥的，你总会在某一些方面比别人做得更好。长得不帅，你可以幽默点；不会搞笑，你可以多做实用内容。找到自己的优势和天赋，进行放大，然后让更多的人看到，同时又被别人需要，你就有了脱颖而出的机会。

比如前几年的PaPi酱是知识领域的红人，咪蒙是微信公众号里的红人，李子柒是小视频时代的红人，她们影响的人都是百万、千万量级的，她们自身就是媒体，就是超级传播体。

要把自己打造成超级IP的前提是，要在自己感兴趣和擅长的领域规划好，比如娱乐、摄影、旅游、游戏等，不管你选择什么领域，建议不要想做大而全的东西，做好小而专、小而细的领域，这样你更容易操作，不要贪多。运营自己的媒体之前，不要求快，至少一到三年内不考虑盈利，即使人气、名气已经初具规模。快钱没有未来的巅峰更有吸引力。不赚快钱，不滥发广告。久而久之，追随的人会越来越多。除擅长和规划之外，还要在其他方面注意：

一、简单易懂好学好用

无论做什么类型的自媒体，如果你的内容让人太难理解，过度追求高大上而不接地气，即使是干货也会失去听众或观众。在追求干货的基础上做到少而精，让用户动脑筋，这样他才喜欢看下去，无论写文章还是拍视频都是一个道理。很多内容创作者会假设用户跟自己有一样的专业背景知识，直接就跳过了用户理解的过程，越说越起劲，越写越深入，结果用户压根儿就看不懂，越看头越大，这就人为地给用户制造了认知陷阱。所以，对于用户可能不懂的东西，别犹豫，该解释就解释，减少认知陷阱。

二、说人话

人们就怕云山雾罩说一大堆貌似很有学问很高深的话，但这样并不能让观众买账，一定要通俗易懂才好。不要总想着讲什么好词，用什么高级逻辑，别追求那种文学派的风格。高雅的文字和精致的词藻很有可能会喧宾夺主，莫名其妙地拉高信息密度。而且，你也没必要弄得那么深沉。这样不但不会吸引人，还会让人骂"这个视频不说人话"。越是让观众觉得简单的东西，观看体验越舒服。直播也是这样，越说大白话，越能拉近与观众的距离。

三、找到属于你的圈子

现在的自媒体并不是拉过来一个人就能成为粉丝，但是一旦成为粉丝便会组建成更紧密的社群和圈子，小米是因为圈子发家的，罗振宇是通过社群致富的。小米的社群里人人都是小米产品发烧友，所以自然而然黏度高。罗振宇一样，通过每天的语音分享，建立了一个共同成长群体，这样的群体因为罗振宇而存在，也因为共同的价值观和兴趣而存在。所以，你在打造自己的同时，脑子中要有社群思维，在传达信息的同时，也要能够树立正确的、积极的价值观，与大家产生共鸣；或者让具有共同兴趣爱好的人围绕在你身边。通过对自身的价值观和兴趣爱好的塑造，不仅能找到志同道合的伙伴，也能够吸引更多的人来。

四、多讲故事少讲道理

很多人从小到大都不爱听道理，却对故事没有抵抗力。因为道理一般比较抽象，而且容易对人形成说教，而故事却显得真实，让人听着能够感同身受，同时讲故事无疑是最具画面感也最容易理解的一种内容表达方式，可以讲自己的故事，讲身边的故事，讲听说的故事……他会聚精会神地听你讲完。

五、建立有趣的人格特色

如果你的内容无料人又无趣，铁定会淹没在茫茫网海；如果你的内容有料人又有趣，那爆红也只是时间的问题。所以，你想成为超级传播体，你自身就要具备人格特色，尤其是做一个有趣的人。该逗就逗，该骂就骂，这样更容易触碰人的内心。比如，被称为爱情导师的涂磊就属于真性情的人而广受观众喜爱。然后他在抖音和快手的平台上依然人气很火。涂磊属于铁面无情的导师，对有的问题直接不留情面该骂就骂，分析问题也是一针见血，这样反而让人觉得非常有人格特色。无论是严肃认真还是幽默风趣这都不重要，重要的是有自己的风格，一旦独特就是风格，就会是一个标签，让人能够记住。

六、找对受众跟上时代

无论是早期的微博，还是一直很火的微信，以及正火在当下的直播，时代在不断变化，所以内容也要不断发生改变。在新媒体时代混，要跟得上时

代的步伐,听得懂不同受众的语言。越来越多的网生词汇开始媒体化,接受度也越来越高。我们在做其他年龄段的新媒体内容时,也可以多用用年轻化网生词汇。

创造疯转内容的14种形式

在内容上,不同的形式拥有不同的人群,同时也产生不同的被疯转效应。具体来看,我总结出了14种内容形式,它们分别是:猎奇类、搞笑类、唯美类、测试类、争议类、时事类、常识类、八卦类、PK类、公益类、鸡汤类、兴趣类、利益类、剧情类。

一、猎奇类

主要的创作路径就是新、奇、特、鲜,以很亮眼的内容及场景让受众惊讶、惊叹、惊奇,目的是引起尖叫,引发好奇心。这方面的段子在平台上很多,你可以搜索了解。

二、搞笑类

现在人们的生活压力太大,平日里笑点比较少,在线上总是想着找点乐

子。然后把搞笑的段子转发给亲友们博取他友一笑。网红主播"若驰夫妇的日常"以夫妻双人为直播和短视频素材，内容以油腻的土味情话和日常生活为主，异于常人的表现时常给大家带来不一样的欢乐。

三、唯美类

唯美的路径就是创造人们向往的生活状态。比如李子柒的 IP 内容，每一个段子都在凸显东方女子唯美的生活方式。日出而作，日落而息；三月桃花开，采来桃花酿成酒；五月樱桃季，开始酿樱桃酒、煨樱桃酱、烘樱桃干；从手工造纸，养蚕缫丝，再到制作各种家居物件……李子柒的视频多以中国传统乡村生活及其中独特的物产为中心，充满着浓郁的烟火味道和恬静的田园气息，搭配上甜美和怀旧的造型，更是容易把人们带入情景之中，唯美万分。

四、测试类

测试类常以性格测试、未来测试、情侣合适度测试、打假测试等内容为主，全网无论是推文还是链接都数不胜数，但最为突出的是打假测评家为主，在网络中爆红的产品数不胜数，尽管价格相对便宜，但是用户还是不敢轻易购买，也有人购买后与预期的不一样，所以产生了专业打假播主，提前购买了各种网红产品直播开箱测评，为观众带来最真实的使用体验，也深得好评。

五、争议类

比如罗永浩直播这件事，就是一个巨大的争议，支持者说他是创业的楷

模,屡创屡败,结果是屡败屡创,精神可嘉,应该置顶;而反对者说做啥啥不成,还出来拿老脸换钱,又有"割韭菜"的嫌疑。就这样正方跟反方在线上争议不断、疯狂评价,又助推了这个事件的发酵。你注意观察,凡是能红的段子,没有评价都是一致的,总是有正方和反方,否则就红不起来了。

六、时事类

网络中有很多徒步旅游,去全世界各地的直播过程,播主用一个月甚至一年的时间来直播记录自己的行程,并且与全网用户分享,每天白天的路程,晚上的睡眠,每天的食物等各种各样的小事,成为每个人密切关注的对象。

七、常识类

常识类主播是一种独特的存在,每个人都在自己擅长的领域里讲述着自己的经验,并对用户的问题进行解答,比如汽车尝试类:猴哥说车,虎哥说车;品酒类:老宋微醺23点,酒哥的酒;生活类:常用生活小妙招;穿搭类:郑星洋等一系列主播,都是以专业知识获取大量忠实粉丝。

八、八卦类

八卦类主要是每天及时收集网络实时热点并形成视频,或者以网红、明星热点、黑点等进行曝光、吐槽等,代表有:八卦老斯基,娱乐八卦奈小妹等,他们会在第一时间将时事热点以视频的形式进行曝光,这种手法也吸引了大批吃瓜群众。

九、PK 类

比如抖音玲爷,就是一个当红并遍及全网的 PK 类播主,抖音全网无论是网红还是素人,甚至是当红明星都可以在个人视频中发布一个挑战,公布惩罚,并@玲爷,而玲爷也会毫不吝啬地迎战并完成各类挑战,也因此爆红全网,是一位不折不扣的 PK 类主播。

十、公益类

公益类内容主要是助农、助学、救灾、救人,等等。公益类主播是通过助农扶贫、扶助偏远山区、问题儿童等公益项目,为他们直播带货,帮他们筹集善款等,同时将社会问题曝光在大众面前,让他们能得到更多的关心和社会扶持。代表有公益助农大可、阿里巴巴公益。

十一、鸡汤类

鸡汤类的内容主要涉及的话题有成功学、创业心得、心灵修养、梦想希望,等等。而鸡汤类主播常用深情款款的表演、动人的声音、抓心的文案将自己表现得淋漓尽致,短短十几秒的语言表达却会让你思绪万分,将他说的话代入你的生活中,觉得字字与我有关,这就是鸡汤类播主吸引人的秘密武器:与我有关。代表有菲戈、憨豆阿力。

十二、兴趣类

兴趣类主要是以各类爱好培养、效果展示为元素的直播类型，例如唱歌、滑板、读书会、摄影、美食等，以最幽默的方式展示最干货的内容。小红书平台的成功，主要就是以各种兴趣分类，通过对各类兴趣知识的分享及粉丝相互的探讨从而留住受众，并与粉丝之间形成强链接，然后通过相应的爆款商品的销售来实现商业变现。这种路径对于商业变现来说也许是最高效、最有可持续性的一种了。代表有小红书、胖胖胖、球鞋派、贫穷料理等。

十三、利益类

正所谓无利不起早，利益关系的捆绑也是刺激人们转发一个重要方式，这就跟微商的逻辑一致。现在的直播电商已经升级到与微商系统融合，只要你转发，你的朋友点击进入所产生的所有购买行为都会跟你有利益关系。在这样的情况下，你转发就可以赚钱的模式实现了，于是你转发的动机也就明确了。你当然也就会自然而然地转发。

十四、剧情类

剧情类主播往往以一套剧本，用短视频连续短句的方式表现出来，以精致的开头造型、语言、声音等内容将你锁住，结尾以悬疑或者未完结的方式勾起你的好奇心，引导你点击主播的其他视频进行观看，代表有辰飞、可达鸭、办公室王老思。

直播是否声名远扬,既离不开播,更离不开传。所以,打造内容是播,而让消费者自主自发去传才是核心。本章节重点探讨了主播爆红IP的传播途径与消费者心理需求的深度剖析。没有消费者会关心你的产品,他们关心的是在你这里是否能得到价值。根据这一条,无论是主播卖产品还是卖自己,都要给消费者提供价值和良好的体验,如此才能把游客发展成粉丝,最后帮你传播。

第六章

电商主播 IP 的流量战略：如何将流量变成价值

保持内容垂直是吸引人的基础

有不少人有困惑,说自己做出来的内容粉丝非常少,即使去和别的账号互动吸粉,涨粉的速度也非常慢,不知道什么原因。我想,一个IP是否能够吸引人是最根本的问题,如果不吸引人又怎么能引起关注,涨粉肯定不容易。作为一个自媒体人,我们应该都知道,内容质量是取胜的关键,想要吸引人,内容质量一定要有保证。很多新人做自媒体没有明确的定位,发作品完全依靠自己的心情,今天看到别人娱乐的文章火爆便跟着发,自己发了后却发现完全没人阅读,明天又发体育,后天又发美食,内容混乱,平台无法对你的作品进行判断,根本不知道你的内容是针对哪类用户,推荐率自然降低了。所以我们做自媒体一定要保持领域垂直,比如说你开始发的是美食,就一直发与美食相关的内容,这样账号权重才会提高,粉丝才会精准,平台也会给予更多的推荐。

大部分人刚开始做自媒体的时候,由于粉丝比较少,发布的作品质量低,于是想通过和别人互粉来增加粉丝,但是通过这种方式来的粉丝并不精准,不仅阅读量不会增加，还会让平台产生不好的印象。实际上，自媒体平台是自带流量的，不管你有多少粉丝，只要你坚持发布优质内容，平台会自动把你的内容分发给相应的用户，如果你的内容足够吸引人，用户看了自然会关注你。

在我看来，优质内容大部分来自原创的垂直内容。要不然，别人做的再好，你模仿来的或是抄袭来的，大家会觉得你的内容水分太多然后就失去了兴趣。垂直的内容就是，内容和账号领域是一致的，一个账号一直输出同一类内容。这样就有了很高的辨识度，垂直度越高，领域做得越精细，越能凸显自己的特点。让用户更容易记住自己的短视频平台，无论是平台还是用户，都更喜欢垂直化的内容账号。

比如用户喜欢中医养生，看到一个视频内容觉得感兴趣，点进去发现里面全是中医养生的内容和知识，如果再多看几期觉得很棒，就会点关注下次方便寻找。如今在短视频领域产生了不少超级IP，这些超级IP的成功打造，加上垂直内容的生产，让很多普通人在短时间内占领短视频高地。

除重视垂直内容的打造之外，还要选对平台。合适的平台做对的内容，才能收到不错的效果。我把目前一些平台简单概括一下：

（1）腾讯视频这样的平台很大也很有仪式感，类似于电影院、剧院，大家更多是在这里看大型的综艺剧目，所以很多短视频生活化的内容不太适合放到这样的平台运营。虽然腾讯视频平台很宏大，但对于个人来说没有实力则掌控不住。

（2）微博从火起来到现在可以说持续很火，微博平台就像一个大城市的中心广场，能得到有效传播。尤其能够形成圈子的内容更容易火，微博能够产

生圈层之间的互动,内容也相对丰富。

(3)微信平台可以说是熟人的平台,里面大部分是生活和工作圈,这里面的关系一般是熟人关系。很多内容具备社交货币价值,用户在看内容的同时也能够从朋友圈看到发内容的这个人的价值观。比较容易打造个人人设,所以要想在微信平台上引流,自己要多一些积极正能量的东西,否则很容易被人一眼看穿。

(4)抖音、快手平台因为有时长限制,更像游戏厅和小吃街。很多用户是利用碎片化的时间在这里娱乐和打发时间。这里的人如果是真有两把刷子,也能够积累不少粉丝关注。在这里创造内容要短小而精,不要冗长,大家没有时间耗在这里听你长篇大论,何况平台本身也不允许。

(5)小红书平台很像一个休闲、文艺、放松的场景,这里不紧张、节奏不快,但也有很多优质、有内涵的内容能够吸引不少人。

(6)淘宝电商平台也在做内容,但对于用户来说就像一个大商场,用户的心智在这里首先会选择逛街休闲、购物扫货。你的内容更应该结合到相关的属性,而不是在电商平台里去做一些偏情感、轻快方向的内容。

打个比方,我们做出来的内容,就像是一条船,而我们发布内容的平台,就像是一条河。

河跟河是不一样的:有的河道宽,有的河道窄,有的河水流急湍,有的河水流平缓。你把一艘航空母舰放进一条小河里,航空母舰根本动不了。你把一叶扁舟扔进波涛汹涌的大海里,它不仅弄不起来任何浪花,还会被毁掉。所以,深刻理解平台很重要,因为生存环境决定你的内容方向和方式,同时也决定了我们的创作方向。

明白了这些不同平台的优势与方向,那么就能根据自己的内容来选择平台进行布局。但无论什么平台,内容一定是有内涵、传递正能量的才能赢得网友的口碑,才能在社会中越走越远。不要以为低俗怪异的小视频才能"火",也许低俗和怪异能赢得一部分人的猎奇心理,但仅仅是很小的一部分,且走不远。因为经验告诉我们,感人的、美好的事物总是最容易传播的。正能量的故事一定得是真实、客观且具有完整信息的,如此才会经得起舆论场的检验。如今已进入2020年,短视频的赛道更加拥挤;越来越多的人想参与到短视频创作中,在其中分一杯羹。不同于刚开始流量引导大众审美的模式,现今想要让自己的短视频博得大家喜爱,就必须创作出真正有质量的内容。如果你想在今天做点事情,除了踩对风口,找到好的平台,还要努力积累专业能力,认真分析客户需求。

我大概总结几点跟大家强调一下:

首先,垂直领域内容价值的核心是用户具有共性标签,共性标签是区别于泛娱乐内容很重要的一部分;其次,垂直领域内容在这几年内飞速发展的原因,以及日后是否能继续发展,答案是肯定的,即用户对内容的自主选择权大大提升。在整个运营垂直领域IP的发展路径上,也有一些经验希望大家了解:

进行比赛之前,赛道很重要,所以要看清整个当下的形势,找准核心价值点;

短视频也好,直播内容也好,不是艺术创作,要基于数据选题,策划比制作质量更重要;

要根据自己的情况来选择匹配的平台,深刻理解平台属性,在适合的平台,做对的内容;

数字化时代,一切要跟踪数据,持续运营,主动迭代。

可以模仿但不忘"与众不同"

目前做直播的人很多，互联网上的内容平台也很多，但其运营模式和内容形式大同小异、千篇一律，同质化现象十分严重，这样容易让观众产生审美疲劳。在人物IP尤其是网红市场中，同质化竞争的表现主要体现在内容层次方面，典型特点是同一类型的直播内容重复，而且内容替代性强。也许你今天红了，明天就很快被别人复制并取代了。

所以，做直播想要爆红无论是个人直播还是IP内容营销，可以模仿但切不可过于陷入同质化，用别人用过的，内容再好也无法出彩。我们可以从生活、学习、工作中寻找发散思维，这样才能制作出有持续吸引力的内容。当然，随着IP市场的进一步成熟，会出现更多优质的原创内容，这也是市场发展的大趋势。人物IP必须持续地生产内容将IP衍生到各个领域，这样才可以实现更多渠道的流量变现，也才能拥有更强劲的生命力。

有时候，你会发现，自己感觉很有用的内容，也选择了合适的首发平台，但在内容的大海里却掀不起波澜？原因就只有一个，类似的内容太多了，用户没有必要，也没有兴趣再去关注相同的东西。所以，必须找到适合的内容营销风格与个性，只有独特的声音与视角，才能让内容从大海里冒出头，被用户清晰地记住，以及无条件地转发。

比如，百度在直播这一风口上可谓后知后觉，百度并没有学淘宝、天猫和腾讯带货。当别人都在积极赶乘直播快车的时候，李彦宏似乎并不着急，直至 5 月 15 日才与樊登一起进行了一场颇具人文气质的《家书》直播。在直播中李彦宏推荐个人书单，并分享自己的生活经历。李彦宏进入直播间，这标志着百度正式切入直播赛道。对于 2020 年的直播大战而言，百度的进入无疑让直播平台战局变得更加复杂。但值得学习的是，李彦宏此次与樊登的直播分享，走的是一条与众不同的路，内容更多的是针对知识、经验的信息分享，这也标志着百度直播将与其他主流直播平台注重卖货不同，将聚焦于科普、干货、问答、新知等内容领域。李彦宏除了在直播间分享了不少书单，还表示希望大家在娱乐化内容外，同时关注更有价值的内容，让自己看完直播后"能收获些什么"。百度无疑走出一条差异化直播道路。

未来要出彩的路，一定是避免同质化内容的路。内容同质化一般表现在以下几点：

一、标题近似

比如想表达一个"如何避免内容同质化"的内容，那么很可能别人就会有，近似"揭秘内容同质化最简单的方法""四招解决内容同质化""最新方法

解决内容同质化",等等。这可以说标题太近似了,几乎没有什么差异,这样的标题肯定引不起关注和点进去的欲望。

二、内容雷同

虽然观点在文字描述方式上不尽相同,但所表达的意思一样,或者大部分观点雷同,其中注入有个人观点,就是平时所说的伪原创。在快手和抖音平台上,经常看到一人分饰两角的那种小视频,既扮演儿子又扮演母亲,要么就是既扮演妻子又扮演丈夫。初次看到这样的还挺新鲜的,但看到两个或多个以上这样的类似内容就一点也不喜欢了。

三、配图相同

显而易见就是作品中的图片相同。如今,很多自媒体是采用免费网站上的图片,来来回回就那些免费图片,难以避免出现相同的作品配图。要想出彩,一定不要偷懒,一幅动心思配的封面图会成功一半。

一旦内容太过雷同,那么不但吸引不了注意力,还会降低竞争力。只有与众不同的内容,才有自动传播效应。只有了解到自己的用户群体,从用户的文化、喜好出发,创造出适合的内容才能产生共鸣,利用便捷、有效的渠道传播与用户产生有效的互动,从而一步步地把产品和品牌植入用户的心里。

了解粉丝，打造粉丝喜欢的内容

爆红的 IP 内容变现最终要靠谁呢？一定是靠粉丝。粉丝为你的直播打赏，为你吆喝的产品掏腰包，所以，知道谁给你钱你就要投其所好才对。要了解你的粉丝和目标用户，并且打造他们喜欢的内容。

打个比方，如果你销售一款沙发，沟通的对象是 60 后，用的销售术语一定跟实用性、身份感、性价比关联在一起；但如果这款沙发卖给 90 后，销售术语会同功能性、个性化、色彩感联系在一起。因此，不要试图将同一个产品卖给两个年代的人。60 后和 70 后相差一个时代，价值观和审美观会有很大不同。80 后、90 后将成为社会主流，所以，目标人群定位要精准。

想当一个爆红的直播，除颜值之外，同样需要智力和劳动。颜值是基础项，但是思考用户以及劳动付出同样必不可少。好的网红一定会认真研究粉丝的心理，研究他们的习惯和喜好。通过每场直播用户的行为变化来调整自己的节奏。不管是个人网红还是有团队打造的网红，一定是处于不断琢磨网红，不

断打磨自己的风格的过程。任何一个网红不是平白无故就红起来的，就算有的有团队，也必须要学习洞察粉丝心理，持续输出粉丝喜欢的内容。要洞察粉丝的三观、角色、社会关系，要通过数据了解他们的生活场景、工作场景、消费场景甚至交际场景。用户不是一个又一个的数字或者脸谱化角色，他们有血有肉、有情绪。你有多懂他们，就有多容易理解和靠近他们。理解，才能有共鸣。具体怎么做呢？

一、会"撩拨"粉丝

说到底，那些看直播的人无非是想找到精神的寄托，无论是看主播还是买主播推荐的产品，都能在一定程度上得到精神寄托和心理满足。所以，要调动起粉丝的情感，让他们有一种天天想来看你的感觉。主播要学会"撩拨"粉丝，让粉丝对你又爱又恨，他们恨不得天天看你，时刻守护你。你可以时不时地跟他开个大玩笑，偶尔撒一下娇，偶尔装一下痞，也未尝不可。

二、给粉丝惊喜

粉丝们也许空虚，也许无聊，但他们并不傻。所以，光调动他们的积极性还不够，要能够给予粉丝一定的惊喜。比如直播间有彩蛋、抢红包、送福利、拼手速抢超值，这些都是变着花样儿给粉丝送惊喜。即使不能天天送实打实的礼物或产品，主播自身也不能太过死板，无论自说自话还是和粉丝互动都要让人有惊喜感。同样是明星直播，刘涛就很有亲和力，而且也很幽默，让粉丝看到的不仅仅是明星的光环，还有明星也很普通如邻家女孩。直播也是需要新陈代谢的,想让你的直播不断地焕发青春的活力,你就得时时地改变自己,给粉丝一种惊喜的感觉。

三、主播要会"装傻"

做主播要面对各种各样的粉丝,有说你好的,也有留言说你不行的,甚至还有人问主播一些敏感问题。如果对好的消息能坦然愉快接受的话,那么对那些不太友好的信息能不能视而不见,或有智慧地化解这很考验主播的能力。有的主播会装傻,既能照顾粉丝的面子和虚荣心又能不影响直播间的氛围。

四、对粉丝少些套路

越是真心对待粉丝的人越是会得到粉丝的真心对待。比如,周杰伦的粉丝轻松就将周杰伦推上了超话的榜一,PK了蔡徐坤。为什么粉丝这么齐心?因为周杰伦平时在粉丝的心里就属于那种不玩套路,踏实唱歌作曲的人。所以,当你不是用套路赢得粉丝时,那么粉丝也会真心成全你的幸福。对待粉丝要真诚相待,毕竟人家经历挺多的,你跟人玩套路肯定是不行的。记得用真心换真心。话只能说这么多,具体怎么执行还要看个人,记住直播需要经营,用心才能换来真心!

每一位进入直播间的粉丝,最后完成购买,对我们来说它都是有成本的,那么,我们如果能够留住这些已经购买过产品的粉丝,增加这些粉丝的流量,这样可以有效降低我们投入的费用和精力,想要好好地留存与除产品能够经得起考验以外呢,也需要一些技巧。

一般来说呢，主播在每场直播的时候提前进行新品预告、福利预告，利用粉丝对新品和福利的期待，这样不仅能提前为下一场直播引流，还能促进下一轮的购买。想要做好提前预告，意味着直播前的准备工作需要做得更充分。不仅要规划好当时直播的内容和产品，还需要规划好下一场直播的内容，另外需要考虑到节假日等这样的因素。

直播靠粉丝而爆红，所以时刻把粉丝挂在心上是个真理，在粉丝身上用心思才是真正有意义的事情。

有守法意识，杜绝流量造假

直播的繁荣与火爆是真的，但有一些假繁荣也是真的。我们有时候看到动不动上亿的观看量、直播间豪掷千金的"土豪"，以及满屏幕"666"的留言，不免让人迷惑，这些数据是真的吗？当然有真的，但其中也有很多是流量数据造假出来的。

最近有媒体调查发现，直播行业刷数据已经成为"公开秘密"，就像当年淘宝刷好评一个套路，直播有些看似繁荣的流量，其实水分惊人。据媒体调查发现，某直播平台上一场10万+观看人数的直播，只有不到100个真人；在搜索引擎、QQ上搜索"直播涨粉/上热门"等关键词，各类服务明码标价；一些流量公司甚至利用虚拟手机号、更改IP地址等方式规避监管。这样做的后果是因为守法意识太浅薄，常在河边走总有一天会湿鞋，而且由于习惯了假大空的表面繁荣，事实上是自演自嗨，没有任何实质的意义。

如果流量仅仅要靠刷，数据要靠买的话，直播如何真正繁荣呢？数据造

假不仅是对内容评价标准的一种破坏，也是对社会信誉的一种透支，会在很大程度上将直播行业引入急功近利的歧途。当视频和直播的受欢迎程度不取决于作品本身是否优质、直播内容是否有营养，而是看谁花的钱多、谁雇的水军多，那么长此以往必然是"劣币驱逐良币"。平台和主播以及背后的数据推手，共同打造所谓头部网红、制造直播间虚假的繁荣，他们不会平白无故撒钱，被收割的只会是普通消费者。缺少优质作品，获得不了想要的产品体验，踩的坑多了，用户自然会用脚投票。

直播的繁荣事实上得益于数字经济的创新玩法，流量本无罪，流量变现更没有问题，但关键是如何变现。无论是网红或是直播，还是直播网红，其本质依然是口碑经济，一旦失去公信力，就难以成立。一旦在流量价值上打不劳而获的如意算盘，或者通过刷单买粉丝，买评论，骗取观众或广告客户的信任，无疑是"一锤子买卖"。粉丝没买到合意的产品，广告客户没买到承诺的效果，新奇变成了心酸，收获变成了被收割，这其实是在伤害社会化营销这一电子商务新业态。

如果我们去某电商平台上搜索，就会找到大量高度程序化、标注为1~10元价格不等的直播刷数据产品。比如，只需花70元，就可以在抖音直播中刷100个"机器粉"观看数据，观看时间长达2小时；在淘宝直播中，更是120元能买到10000个机器粉观看数据；还有专门组织真人粉丝进行直播刷数据的商家，粉丝进去直播间观看1分钟，就能拿到5毛钱的酬劳……

还有一些MCN机构专门做一些不靠谱的"杀雏生意"。他们乘着一些小商家对直播带货一知半解，有的MCN先养出一些几十万粉丝主播号，再与商家签订直播带货协议，每件商品只收入几百元的坑位费，如果有小商家贪便宜，他们就可以一次性地赚一笔快钱。还有MCN、网红主播会先刷单再退单，对于退单的交易额，同样向商家收佣金。他们一边大力压低商家的产品价格，一边与商家签订看似公平的保底销售协议。然后，MCN雇水军、秒拍商品，接着会退货达50%，再把剩下的低价货通过其他平台分销掉，照样收取20%分成，商家到头来还是赔得一塌糊涂。

　　这样做不仅不守法，甚至连德都没了。为了假的繁荣而做坑蒙之事，这是做爆红主播要杜绝的事情。我们可以暂时不红，但一定不能为了红而做一些见不得光的事情。就像有一本《大数据时代》的书里说过的那句话一样："大数据的力是那么耀眼，我们必须避免被它的光芒诱惑，并善于发现它固有的瑕疵。在使用这个工具的时候，应当怀有谦恭之心、铭记人性之本。"

　　只有踏踏实实用心去做内容，用真诚之心去拉拢粉丝，用敬畏之心做直播，火与不火交给时间。

● 爆红需要流量，更需要文化

直播爆红不能只顾"红"而忽略内容品质，还要从专注流量转化为提高质量，进而更好地满足消费者的美好生活需要。尤其在直播运营时，一个主播传递出来的价值观能体现一个直播平台的优劣与否。像李子柒就是一个美和文化的代表，她所传达的不仅仅是直播的美、视频的美，还有更多的价值观和中国文化的深远传播。但也有很多负面的事物，尤其有很多主播为了追求"红"而传递出了很多错误的价值观，给观众和社会带来很多消极的影响。

比如追求"粗俗"博取关注，有的说话粗俗不堪，有的直播的内容粗俗不堪。比如，一些吃播，还有某短视频平台上的"大胃王"，在视频中我们看到他或她能吃掉十几大碗面，还能吃好几屉包子，让很多人佩服得五体投地。事实上，他们根本就不是什么真正的"大胃王"，而是骗子。他或她只吃一两口，之后就将剩下的饭全部倒掉了，然后通过剪辑呈现给大家的是一种胃口很大的感觉，其实这是一种赤裸裸的浪费粮食的行为，是有违社会道德的，然而

第六章
电商主播IP的流量战略：如何将流量变成价值

就是这样的内容却有着很高的播放量，刺激了一大批"假大胃王"的诞生，网红行业除了正能量的群体，还会滋生一批见不得光的群体。

因此，直播平台、产品、企业或品牌，都应该努力传递主流价值观，做一个为社会带来正能量的主体。比如，我们可以借助互联网，多参与一些社会慈善和公益活动，打造一个助人为乐、传递正能量的IP形象，在互联网内容中要坚守道德底线并多弘扬社会道德，引导正面舆论，帮助广大网民树立正确的世界观、人生观和价值观。

除传递好的价值观之外，还要赚符合良知的钱。不能盲目拜金而沉沦。当然崇拜金钱并没有错，商业社会中的人都以赚钱为目的。不过，如果你唯利是图，什么事情都想着赚钱，不择手段且盲目地追求金钱，这就是一种极端错误的价值观。因此，我们在打造IP时，切不可盲目崇拜金钱、把金钱价值看作最高价值，必须保持拒绝拜金、坚守自我的心态。

比如，网络上炒得比较火的杨坤怒批《惊雷》事件，所谓的《惊雷》原创作者mc六道通过剽窃他人的知识产权来达到营利的目的，而且在事情被曝光之后还不知悔改，竟然叫嚣"存在即合理"，还说《惊雷》比杨坤的任何一首歌都火等，语气很是狂傲。在他说出这段话之后受到网友的强烈抨击。而《惊雷》中的歌词根本就不通，且伴奏抄袭，但就是这样的内容却在网络上很是火爆，被越来越多的人所传唱。这就是一种很不好的现象，不管有没有侵权，只要能带货，只要能赚钱，他们都做。因此，打造直播内容时应该使物质和精神追求相辅相成，多注重精神层次和幸福感，不能一味地追求金钱和红而忘了其他更值钱的东西。

在打造 IP 流量符合社会主流价值观之外，主播在做直播的时候还要注意自己的言语是不是具备文化气息，比如：

一、主播的语言要得体

有文化的主播不是出口成章能背多少名词名句，而是不要夸大其词，推荐产品实事求是，更不能太过夸张地去宣传某个东西，为了赚钱不顾形象。说话得体，称呼得体，粉丝会感到亲切、愉悦。称呼不当，对方就会不快、愠怒。路人是否转粉就在这短短的几十秒中决定了。交流中言语要注意分寸，该说则说，不该说则一句都不说。

二、主播的语言要真诚

语言是一个人的心，内容是不是含虚假成分，语言往往能让人听出三分。主播不要绕弯过多，显得不够坦诚。这里缺少点什么呢？缺少直率和坦诚！大多数情况下，我们需要直抒胸臆的语言艺术，是怎么样，就怎么说，还事物以真面目。直言不讳，是与网友打交道很重要的语言技巧。当你真诚的时候对方就会感受到你满满的诚意。

三、主播言语要礼貌接地气

主播在直播的时候会有喜欢你的粉丝给你打赏送礼物，所以这个时候无论送礼的人给的是一朵花还是一支穿云箭，都要一视同仁表达尊重和感谢，不要厚此薄彼。让粉丝感受到主播的诚意与热情，并让粉丝有意愿继续互动。当

第六章
电商主播IP的流量战略：如何将流量变成价值

没有人送礼物时，不要直接当面要礼物，这其实是一种很让粉丝反感的行为。

当一个主播营造的内容是有文化的，主播沟通氛围是有文化的，那么这样的IP就会聚人气，而且还能传播正能量和价值观，自然而然会带来流量。

无论有多少粉丝和流量，如果无法形成属于自己的流量转化，只能白白流失。私域流量运营的第一步是建立一个高效的私域转化阵地，这个阵地可以是一个微信号，也可以是一群微信号，而这就是整个私域流量池构建的战略根据地，通过这个私域战略根据地一方面能够吸引潜在流量导入，另一方面实现对潜在顾客的吸客、锁客、吃客的高转化循环。本章节重点探讨了爆红IP的流量转化战略，通过人设打造和粉丝维护，从而实现最大限度地提高自己的档次，产生粉丝黏性，找到属于自己的私域流量池，从而实现精准转化。

第七章

电商主播的表与演：如何把平台变成个人秀场

● 不会"演"的主播不是好主播

　　网络上有句调侃,说直播的火爆就是:一群疯子在演,一群傻子在看,疯子在赚钱,傻子在费电,关了直播,疯子在数钱,傻子给手机充电。虽然段子带有戏谑与调侃的成分,但却给我们一个启示,做直播不但要"疯",还要会演,那样才会吸引很多人不怕费电地来看。"疯",我的理解是要能放得开,做直播是一场隔着屏幕的面对面,而且还是面对无数人、无数陌生人的个人秀场。如果放不开,说话不敢说,脸不敢露,拘束与紧张的状态很容易透过摄像头传达给观众。至于"演"就是能够诠释出你的个性和风格。那些被人们追捧的明星每个人都演出了自己的个性和风格,才有了粉丝坚定不移的支持。做直播是同样的道理,如果不会"演"不是好主播。人们大多数喜欢看有场景和画面感的事物,绝不喜欢听干巴巴的讲说和产品推销。

　　在抖音平台有个三人组合,两个帅哥搭配一个肥嘟嘟的美女。于是,每天上传不同花样的三个人演戏,小肥美女立志减肥希望听到两帅哥的支持,但每

第七章 电商主播的表与演：如何把平台变成个人秀场

一次两帅哥都用"说唱磊歌"的方式把小妹妹气得脸涨红，眼睛上翻，在直播间里追着打两个"不讨喜"的坏家伙。观众看得是大呼过瘾，笑得前仰后合。粉丝关注数已经突破了800万，这就是主播会"演"的力量。如果仅仅是三个人在那儿说话或是推销产品，又有多少人喜欢看呢？

在观看了很多主播的不同性格、不同画风、不同风格后，我认为，直播看起来是一场秀，但更接近生活秀。当你掌控了这场秀的大方向，你能完整地做完这一场直播，但这里面有许多细节上的表现，却是真正影响直播效果的，做好了你会发现你的粉丝数涨得比别人快，转化率比别人高，观众点赞停不下来，简直是要拿点赞、拿成交单当钱砸你一样。比如，罗永浩在抖音上直播以后，有人说老罗开创了一种新的商业模式，企业找他直播不是为了卖货，而是为了口播广告、品牌露出，老罗可以转型做品牌宣讲人，用说相声的方式帮助品牌讲故事。但问题是，如果不是冲着买东西，不是冲着买便宜货，谁愿意天天听你念产品说明书呢？

就像罗永浩、陈赫的直播，不仅是一场带货秀，更是其粉丝们的娱乐生活的一部分；企业家在抖音直播，不是在比拼带货的能力和成交的数字，而是在展示真实、亲民的品牌故事，提升消费者对品牌好感度，然后，才是埋单和转化。

所以，无论怎么演，怎么疯，怎么样的形式的直播，最终的目的不能忘，那就是在演的时候植入产品广告，不然你费力演了半天，货没有卖掉，那前面那句调侃就真正变成了"疯子在演，傻子在看，互相浪费时间"了。

直播既是演起来的"炫技场"，也一定要有真正的产品"内容场"，是品牌积累和用户积累的必然。罗永浩和陈赫会火，刘涛和董明珠会火，一点也不奇怪。他们是大明星，是大企业家，自带人设并拥有粉丝，同时还不断提升内容运营建立粉丝黏性。比如，陈赫是会演的，从凹造型到晒娃再到美食，涵盖了日常生活的方方面面，一名人气演员的日常持续更新，这是内容的连接。因此，想要做一个真正能带货的直播，既要有炫技的演力，更要有产品的内容场。比如，以长虹电视近日销售额突破1亿元的直播为例，长虹·美菱中国区总经理吴定刚从带网友云游生产线，到多个角度展示电视细节，长虹电视在直播中不仅在带货，更是凭实力为品牌打造认知区隔，这也是内容设计的结果，而不是企业家口才。而带着网友云游生产线就是"演"的一种，只是演得更高明、更接地气。

所以，真正能说会"演"+产品内容场=直播带货。网红个人的生活展示、艺术表演以及生活习惯这些形象决定了产品形象，在网红的人格形象和产品形象之间寻找到一个最佳的契合点，才是将来直播爆红的必修课。

网红结合自身经验和艺术技能，寻找产品和表演之间的最佳角度和契合点，通过艺术表演将产品和个人品牌完美融合，使得产品自然融入自身品牌之中，实现和产品的完美嫁接。比如户外的旅游"演"，带出户外的商品；家庭的生活"演"，带出居家产品；个人的化妆"演"，带出美妆产品；等等。如此，在直播平台适当展示表演，以此吸引粉丝的购物欲求，引爆粉丝的购买狂欢，最终达到涨粉，实现带货销售的目的。

主播会带货更有价值

作为一个主播,尤其是已经有了人气的主播,肯定已经积累了一定的粉丝量,也一定会有公司来让你推荐产品、来带货。这个时候非常考验主播,不但考验其带货能力,还有道德坚守和价值观的高低。如果为了眼前的利益,虚假宣传夸大产品效果,那么无疑是欺骗消费者,到最后闹不好还难以收场。即使像网红第一带货王李佳琦也因"不粘锅"事件闹得负面影响很大。可见做一个好的主播不能为了眼前的利益,蒙蔽双眼,应该诚信带货。带货前,直播团队应该了解产品,是否与厂家推荐相符合,之后才决定是否直播带货。

很多人现在依然把直播带货认为是电视购物的另一个版本。如果照着电视购物的思路去做,翻船的概率一定是很大的。电视购物模式之所以走不下去在于它有几个很不好的地方:一是夸大产品功效和产品质量,尤其是那些医疗产品,不是能够三天减肥就是五天增高,这样的夸大不但让人反感还让人觉得是一种欺骗。二是找来一些不靠谱的专家或权威来代言或证言,证明产品怎样

怎样好,事实上就我们常说的"托"。三是价格混乱胡说八道,说什么原价几千元的手机现在只要99元,原价几万元的黄金首饰现在只需要几百元,两个价格相差之多令人难以置信,同时做电视购物直播的人也不考量真伪,还非常卖力地吆喝什么节目价、特惠价、谁买谁赚不买就错失良机,等等。

所以电视购物现在越来越少。如果把直播形容成电视购物,那么只能说是形像而神不像。如果直播带货也是为了赚钱不顾其他更有价值的东西,一定也不会走得更远。电视购物最终失去了观众的信任,成了骗子、假冒伪劣的代名词。而这些弊病其实并非电视购物所独有,在今天各大种草平台都时有发生。如果直播带货也玩虚假价格、夸大功能这一套,在信息传递更发达的今天,也就离淘汰不远了。

做一个有价值的主播,自身就要擦亮眼睛,不能做败坏口碑的事情。不要以为做网红主播只是简单地在镜头前面比画比画、唠叨唠叨就行,主播中最有价值的东西,从来都不是网红,如果你不带货,那么转换流量的是你的内容。如果你带货,那么重点在货,而不在人。就像"老婆饼"的重点在于饼,"夫妻肺片"的重点在于肺片一样。

观众也是一样,你以为观众进你的直播间是单纯为了看主播吗?除非你是鹿晗小哥哥。如果你是一个普通的网红,观众之所以对你的直播感兴趣,除你有人格魅力之外,还有很大的原因是人们对你要卖的东西感兴趣,想来你这里买到货真价实又便宜的东西,他们才愿意留在直播间跟你嗨。

如果主播介绍产品时只会说好好好,对产品缺乏深入的理解,不能提供专业的产品知识帮助消费者做出购买决策,那么带货效果无疑是会大打折扣的。老罗在最初几次直播就是那样，很多粉丝并不买账。

即使薇娅和李佳琦他们属于非常红的主播，但真正实现带货依然靠的是产品。李佳琦曾做过欧莱雅的柜员，薇娅开过实体服装店，他们都有过与顾客打交道的经验，因而懂得如何推荐产品，引起观众购买欲。

这也是我在这里重点强调的，主播会"演"很关键，但真正的演技派往往不如实力派，这个实力就是做好直播卖好货。如果你当一个网红主播仅仅是想试图成为一个演员，不是花心思推销而是寻求掌声，要想实现带货也不是很容易。成功的推销员很少是能言善辩的，他们几乎没有演说家的魅力可言，有的只是对消费者和产品的了解，以及朴实无华的品性和一颗真诚的心。

做一个有价值的主播，在带货的同时有几点注意事项要学习：

一、所播的产品一定是物美价廉的

之前马云说过，在淘宝要想买好东西又想花便宜钱这肯定实现不了。但在直播时代还真能实现，因为直播的成本不像之前商铺和电商都有店铺的成本。直播的成本相对要低，所以，价格便宜是能够做到的。对消费者来说，便宜是看直播的一个基本驱动力。李佳琦和薇娅之所以强大，核心是因为他们作为头部流量可以拿到足够有竞争力的价格，对供应链保持强势。所以你可以看到李佳琦跟薇娅，卖出去的东西总是全网低价。议价能力＋选品能力＋网红IP构成了头部主播的核心竞争力，这是其他主播所不具备的。同样，即使价格便宜，直播也不能沦为企业清库存的工具，那样很容易失去用户信任。

如果观众看了直播买的货特别坑，价格又特别贵，给哪个网红带，都是

卖不出去的！仔细看看各路网红带的所谓爆款，从口红到四件套到柴米油盐家庭杂物，是不是单价都普遍不高呢？因为他们都非常清楚，除非是特别过硬的货，不然价格和销量就是成反比的。

二、不要吹嘘公司或产品

好的产品自己会说话，很多人用过产品就知道这个产品性价比是不是高，是否值得信赖。所以，做主播也好，企业自己进行直播也好，不要大吹大擂，不要吹嘘你自己的公司或者你的产品，也不要吹嘘那些你感兴趣但顾客不怎么关心的特点。吹嘘令人厌恶。每句话都要让你的顾客感受到你的诚意。不要尝试娱乐大众，这不是你直播的目的。如果要找消遣，人们会直接看娱乐新闻，你可以提供的唯一乐趣就是宣传他们想要的商品。

三、直播卖出去东西不是终点，是起点

直播是卖货中的第一个环节，而真正要让主播名声好，直播持续受到关注，后续物流、客服和售后一样不能少。如果售后出了问题非常影响前期的直播，也会让消费者因为对主播产生不信任感而取关。所以，主播要和品牌商量好，前期也要做一些考察，不能盲目带货，否则不但涨不了人气，反而由于售后做不好影响自己的声誉。

四、主播会展示，货会更好卖

对于产品的展示我们都不陌生，小时候比如街上有卖棉花糖的，他会当

场给大家表演自己怎么做棉花糖。他会给大家展示使用的材料——真正的白糖；然后一边化糖一边对着周围的人宣传，最后把糖做出来，让人免费品尝之后进行售卖。现在的线上直播带货，其实和以前这类的售卖本质上是一样的。主播要想卖货好，需要对产品进行展示。展示的意义就是告诉消费者，第一，这家的产品比其他家的便宜；第二，这家的产品比其他家的货真价实；第三，这家产品的质量会超出同类的产品。这三点，有一点能打动消费者，就会让消费者掏腰包。

无论是不能夸大宣传还是学会如何展示产品，核心目的是实现带货，主播要么是直播，要么是带货，这二者无论哪一个，做好了都有价值，尤其带货做到一定程度，不但可以实现品牌的转化，还能为自己打造个人IP助力。

直播，最终实现的是营销，直播是手段营销是目的。因此，不能认为能当主播就可以了，而要不断学习提升自己的营销能力，先营销自己再营销产品，最终实现双赢效果。

● 艺多不压身,用心很重要

直播的平台有很多,直播的类型也有很多,不同的平台和类型对于主播的要求也不尽相同。但有一点是通的,那就是主播个人的专长与才艺。无论你做娱乐直播还是带货直播,会唱歌、跳舞、脱口秀等才艺的展示,无疑会给直播带来很多光环,同时也能有机会让自己出彩。

比如,拥有一个好声音的话,尤其在那种YY平台,完全可以忽略颜值。类似的案例,非常火爆的"乔碧萝殿下"就是一个靠好声音爆红的主播。虽然后期有一些风波导致这个主播没能持续火爆,但依然不能埋没其声音好听这一特长。

比如脱口秀,主要通过讲述一些好玩、有趣、有料的段子引发观众的笑点或让观众能够学到知识,脱口秀更加彰显直播的口才和应变能力。比如,节目主持人涂磊在抖音和快手粉丝都不少,他的口才就很值得学习。

比如会跳舞。主播在平台上展示舞姿既能吸引粉丝又显得很高大上。男主播

第七章 电商主播的表与演：如何把平台变成个人秀场

跳一段是才艺，女主播跳一段是妩媚，总之会跳舞这个才艺能为主播增色不少。

比如会唱歌。如果主播能够扯开嗓子来一曲，一定能与观众产生很好的互动。尤其是如果学会唱一些当下很流行、很火的歌曲与观众互动，就能收到很好的效果。比如快手平台有位"本亮大叔"就是通过唱歌赢得粉丝关注的。本亮大叔无论田间地头还是屋里村口，他总在快乐地唱歌，同时也是一个比较能跟上流行的人，什么歌曲刚流行本亮大叔就学会了唱，还能弹吉他。这样一个地道的农民却靠会唱歌征服了很多人。

那么，有人要问了，我是一个普通的人，既不会唱歌跳舞又不会脱口秀，是不是在直播这一行里就无法混了呢？当然不是。虽然艺多不压身，但还有另外一条，用心很重要。如果你没有才艺，但你用心去设计你的直播内容，一样也很出彩。

尤其从大年三十开始，很多人被疫情逼着变成了"宅男宅女"，不得已逼自己成了"直播达人"。很多名人开始用直播的方式录制节目，也有很多普通人从之前的默默无闻变成了"大厨""画家""健身达人"，等等。事实上，每个人都有属于自己的"隐性才华"。

我们都知道汪涵是主持人，但在《天天向上》节目中，却展现了自己的家装能力。汪涵边给观众介绍自己的家居布置，边秀出装修理念"干净、简洁"。他以灰白为主色调，在多个角落布置出苏式园林的感觉。这种园林式装修让网友赞叹不已，"没想到汪涵装修的房子不仅很有生活气息还不失高雅，或许这就是生活的艺术"。汪涵没有秀自己的主持口才，却让别人看到了不一样的才艺，对生活的态度和对美的另一种意识。

另外一个主持人何炅在《嘿！你在干嘛呢？》节目里，做了自己的创意料理是手工牛轧糖，看似复杂的食物却有着简单拆解的教程，在网络上再次掀起学习热潮。演员孙俪既会跳舞也会唱歌，但却在网络上公布一段糙米饼制作全过程，秀的是自己的厨艺。

不论是汪涵的文艺气息装修风格，还是孙俪、何炅的厨艺，这都是隐性才华，这些才华不仅仅是名人有，我们每个普通人都有。所以，想当一名优秀的主播，比拼的不仅仅是颜值和名气，还要用心。有一位熟悉的朋友，他做的直播内容主要是瑜伽养生，每次直播上课前都要认认真真去备课。课上不仅要跟网友们讲解自己的教学内容"韧带拉伸与塑形计划"，有时候还要一边做动作一边讲解，对体力也是一个挑战。所以，他不但在直播之前做功课，在直播结束后还会健身以增加核心力量，慢慢地在直播的时候一边做动作一边说话也没有之前那么累了。还有一位是做美食视频直播的，为了让观众看起来有食欲并爱上这种美食教程，每次直播之前，都会在色香味上下很大功夫，自己做好几次，直到做成功了才直播。有时候因为做的次数太多，导致自己好多天都吃剩饭。

所以，当网红主播不容易，不但要有才艺还要用心，不管是艺人还是主播，"艺多不压身""用心才能走得更久远"，只有这样做，在直播中秀出显性的或隐藏技能时，往往才能引发更多话题，吸引更多观众的关注。当我们在自己家中凭一人之力，做准备，不断测试，调整镜头与灯光、挑选镜头前的服装，最终呈现给观众时，所有一切努力都不会白费。可见，技能的准备，功夫在日常。艺术可能是天赋，不是人人都会，但用心却是后天可以锻炼和培养的，人人都具备。

第七章
电商主播的表与演：如何把平台变成个人秀场

● 主播不要忽视的 10 个细节

很多人的意识里，主播的爆红除了颜值高，有才艺才能当好主播。其实再有颜值、再有才艺的主播，如果忽略一些小细节，也会对直播造成影响。如果单纯做娱乐直播，颜值和才艺的确会得到更多的受众，但这些并不是唯一。因为看直播的人大部分都是抱着排解内心孤寂，寻找认同感以及刷在感的目的去的。所以，不要把所有的目标都放在才艺和颜值上，或者换个说法，即使有才艺和颜值也不要忽略一些细节。

有人发出感慨，为什么有的主播什么都不如我，却人气那么高，赚的也比我多。我口才好，颜值和在线时间都不比别人差，也很努力为什么总是不如意。这的确是需要考虑的问题。主播的外表和才艺算硬实力，但也有一些软实力。这些软实力往往才是能够胜出的技巧。有哪些容易忽略的事呢？

一、会说还是会听

很多主播都比较能说，口才很好，无论是脱口秀还是讲故事真可谓口若悬河，但这是一个大忌，说得多的人听的人就一定会减少。只顾自己说，几乎不看公屏上粉丝的留言，这样的主播口才好没得说，但倾听力却很弱，纯粹把直播间当成了舞台，而且自己还在演独角戏。主播不是主人，而是主持人，是一定要与别人互动的角色。主播可以说话，可以为了制造气氛多准备一些话题和问候语，甚至讲个小段子小笑话都无可厚非，但随着直播间的观众多了以后，一定要多发问，多听，多互动，而不是自言自语。当然不是漫无目的地随口发问，更不能问别人涉及隐私的问题。问出去的话要自己能够收得回来，尽量以开放式的方法去问，而不是简单的你问我答。这样的聊天互动，其实是一个情感的分享。如果主播采取封闭式问法的话，自己都把自己给封死了。开放式问法的好处就是，答案不是唯一性，极易引起大家的讨论，增加互动性，且答案很多时候不存在对与错。另外，对游客也要热情欢迎，人是群居动物，越是热闹的地方越能激发别人炫耀的兴趣，那些"土豪哥"就是这样送出穿云箭的。还有一个更重要的信息，你不知道哪个游客是无所事事一掷千金的土豪。所以，要对任何一个进你直播间的人表达友好。

二、主播要对着屏幕说话

很多主播私下里很放得开，但镜头打开就犯怵，不知道该怎样安放自己的眼神，容易走神和发呆。这就需要主播平时下功夫，要做准备工作。要不然

第七章 电商主播的表与演：如何把平台变成个人秀场

就会陷入要么因为紧张而很呆，要么因为没话找话显得很无聊。在直播之前要给自己列个小小的题纲，准备从哪个观点入手，触类旁通又会有什么新的观点发生，预估一下观众会问哪些问题，自己准备怎样得体地去应对。所以，主播掌握的信息量一定要大，平时要靠各种渠道阅读增加知识量，比如聊起电影能说上几句，说起娱乐圈也能知道些头条新闻，谈起社会热点也能跟上节奏。当你掌握了一桶水的信息量，才能给别人分享一碗水就是这个道理。而且，游客本身就比较杂，会问各种问题，如果自己信息量足够大的话，也就知道如何应答了。不论谈什么话题，习惯对着屏幕而不是对着摄像头，那样会减少紧张感，而且也不会让形象更好看一些。说话的时候要多些趣味，同样的话东北人说出来就感觉比较逗，因为他们的地域特色造成的幽默感，很容易让人觉得搞笑有趣。聊天并不仅仅靠一张嘴，肢体语言、表情等方面也起到很大的作用。你看那些说小品相声的，光靠嘴说行吗？如果能加上肢体语言的话，直播间气氛会更好。

三、不要轻易带出过激的言行

主播这个职业属于"人在江湖"，所以碰到三教九流各色人等是常事。有些人进了直播间不但是为了消遣，还为了消火消气。他们也许会在屏幕上留言谩骂你，故意拆台，以期激怒你，让你忍无可忍。这个时候，涵养不够的人可能就被带偏了，也会出言不逊甚至与对方开骂。这样对于游客来说没有任何损失，因为你不知道他是谁，甚至不知道他是男人还是女人，是老人还是孩子。而你一旦说话不好听却严重损失了自己的形象。如果遇到直播间有人故意挑事

儿,最好的方法就是不予理会,实在忍无可忍就笑脸还击,简单干脆不要说太多。形象既不会扣分,又会让人觉得你大度。

四、要充分解读公屏上的留言

很多主播能够照顾到观众和粉丝的心理,能尽最大可能地去照顾他们的留言与问题。但却很多都聊不到点子上,不是粉丝想要的答案。当你在直播的时候可以关注公屏但不要立即答复,因为你是主播,你有自己的节奏。如果没有看清楚对方的话,或者不知道对方表达的意思,你可以直接反问对方,这时候让对方做选择。其实粉丝说的每一句话就是向主播传递一个信息,在反馈这个信息之前,不妨先对这个信息进行分析和处理,不要急着去回复。要通过公屏的留言来判断粉丝心情以及对方留言的重点,明白对方目前想要什么,希望你回答什么,弄清楚才能回答得更有针对性。总之,在聊天之前要想清楚,不要胡说八道,更不要把乱七八糟的思绪抛给粉丝/游客。

五、认同粉丝感受但有自己的立场

粉丝们求安慰的时候可能会说一些负能量的话,如果主播把握不好节奏,那么就容易影响直播间的气氛。这个时候要认同粉丝的感受,给予对方一些安慰的话语,但不要讲大道理。即使遇到这个粉丝送了很大的礼物也不能去阿谀奉承或说一些违心的话。阿谀奉承的话谁都能听得出来,直播间里那么多人,这很容易使得你在粉丝心中的印象大打折扣。拍马屁也是,马屁拍不好容易弄巧成拙。这里并没有什么技巧可言。只要主播用真诚的心认真对待每个人,就

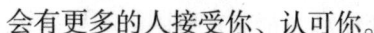

会有更多的人接受你、认可你。

六、谈论敏感和引争议的话题

直播间不同的人就有不同的信仰,不同的价值观,以及不同的认知水平。所以,那些地域问题、民族问题、政治问题,甚至一些敏感的话题,国际形式、军事、投资等问题最好不要涉及。因为你是一个主播,你不是一个政要,你也不是一个外交发言人,更不是什么政治军事专家,所以不要聊这些太过敏感又宏大的话题。即使真的有粉丝提到了这些问题而你不得不为此做出回应,也要保持中立和客观,不要放大事态,更不能无中生有或者出现人身攻击。

七、评论和攻击其他主播

竞争者之间格局最小的状态就是攻击别人以抬高自己,这样往往会显得自己更低。所以,作为主播切不可攻击和评论其他主播,或者爆料内部消息什么的来显示自己。这样做不但起不到任何好的作用,反而会有很多坏的影响。大家都在一个江湖上混,传言很容易就到了对方耳朵里,后果可想而知。

八、不要总是在镜头前玩失踪

做直播会难免有个紧急或重要的事情需要离开镜头一会儿,但切不可长时间离开镜头。你长时间只闻其声不见其人,或者人声都听不到的时候,粉丝是没有太多耐心看无人直播的。这是你的舞台,主角都不在了,观众还老傻

等着干吗。尤其碎片化的时代，每个人的时间和注意力都非常有限。不要在镜头前玩失踪，那是对粉丝的不负责，也不是一个好主播该做的事。其实很多事情是不必离开镜头就可完成的。尽量提前安排好，尽量不要做跟直播无关的事情。

九、可以聊私生活，但不能说隐私

如果是一枚新手主播，没有话题就会很尴尬，这个时候从自己的家庭或情感生活切入话题不失为一个好选择。但只限于点到为止，不能聊得太私有化，不能聊自己的前男友或前女友，更不能涉及一些家庭隐私的话题。你过得好不好，不会真有人当回事，只会是笑料。而且，过多地暴露隐私，还可能引起不必要的麻烦。

十、不哭穷不炫富

有经验的主播都知道，宁可哭穷装小白兔也不能炫富。炫富第一是拉仇恨，第二是让人觉得你很没品。你炫了自己有好车，可能游客和粉丝都开的是豪车。你炫了你买了什么昂贵的首饰，省省吧，可能有的人比你多了好几套首饰，只是不说而已。永远记住那句话，当你越是炫耀什么其实内心越缺什么。无论你出于什么目的，都不能这么做，一切处于自然最好，其中道理不言自喻。你没有钱可能还能赢得粉丝同情，如果你太"富"，只能招恨，这点小道理还用讲吗？

无论是新主播还是老主播，记住以上十个细节，无论你颜值多高，才艺多棒,切忌不能在细节上掉粉。

想要成为一个优秀主播,只有讲是不行的,很多时候还得会演。这个演既是艺多不压身的表演,也是营销产品时的销售互动能力。所以,本章节重点探讨了爆红主播如何去演、去销售,同时在表和演的同时不要忽略细节。

第八章

电商主播IP的变现法则:让变现给直播添动力

● 内容变现

人类是一种求知欲旺盛的生灵,自古就有"朝闻道,夕死可矣"的慨叹。可见我们一直是很愿意为知识以及有价值的信息付费买单的。

自从有了互联网以后,"内容变现"这个词汇就开始出现,随着用户版权意识的提高及新时代消费观念的升级,内容变现的体系越发成熟。比如,从发展方式来看,有图文、音频、影音等多种付费形式的课程、节目、会议、电商等。网络文学和资讯属于图文范畴,音乐和有声平台属于音频范畴,网络游戏、长短视频以及直播和在线课程都属于影音的范畴。视频直播的内容变现常见的类型有先支付后消费的"消费前付费"是主流内容付费类型;以打赏型为主的"消费后付费"最适宜粉丝经济。目前直播依靠内容变现的模式多种多样,比如一对一直播、私密直播、在线教育直播等。

付费模式要求直播的内容质量相对较高,只有内容质量较高,才可以有效地留住粉丝,为平台和主播增加新的变现方式。知识、优质的内容,一直都是

第八章 电商主播IP的变现法则：让变现给直播添动力

很走俏的。人的求知欲一直在，发生改变的其实是人和知识连接的方式。过去人们学习知识通过老师、私塾；现在只要能上网就能学习知识，就能和老师发生连接。所以，这种连接可以直接让内容与消费者建立关系，越来越多的人意识到知识产权的重要性，为内容付费，为知识埋单。付费直播App的出现就是为内容埋单的最好体现，形成高质量的直播形式。比如，李开复在知乎所做的《解答关于创业的困惑》的视频直播达到单场收入10万元；李笑来分享的《一小时建立终生受用的阅读操作系统》，单场12万以上用户数。除了众所周知的大咖，在垂直的细分领域也逐渐涌现出很多大V，纷纷加入直播讲课，让内容变成了真正的掘金手段。

因为有了直播平台，不但给内容创业者一个清晰的内容变现方向，同时也给全天下所有的商家一把能快速挖掘商业价值的掘金铲。这种内容电商入口比像淘宝、京东这样的原生态电商平台更有潜力，因为他们真正做到了把电子商务的入口前移。在淘宝、京东买东西，是有了基本的购买需求才会去，而在抖音这样的内容平台，种草营销、收割粉丝、打通价值观、引导消费，是让买家在不知不觉中剁手下单，这种销售模式看似润物细无声，但却有着暴风骤雨般席卷的威力。

内容变现是靠哪些优点来吸引别人付费的呢？

一、多人连麦

付费直播在为用户创造内容的同时，也为大众提供参与互动的平台，多人连麦让更多人在同一个频道上，保证了直播空间的氛围。很多人付费看直

播,不仅仅为了学知识,还有大部分人为了找人脉。多人连麦很容易找到自己喜欢的东西或向往的领域,然后可以拓展自己的人脉。

二、实现远程录屏直播

通过电脑实时录屏功能可以保存在自身内存里,对于播主来说,也能实现实时屏幕线上教学互动交流,适合各种培训活动场景。另外,用户逐渐由PC端转移到手机端,帮助用户更好地在不同设备上在线观看直播,提升用户体验。

三、直播的类型丰富

直播类型包含了游戏直播,监控直播以及教育直播多种入口,更多的互动和交流平台吸引不同需求的用户点击,受众不同,直播的类型更多元化。

在过去,付费内容只是一小部分人的需求;而在今天,用户需求日益多样化,这部分需求也正以惊人的速度增长。据互联网数据报告显示,超过五成的网民有过不同形式的为知识付费,超四成的网友认为"有价值的内容本来就应该付费"。

所以,当一个主播依靠"内容变现"已经不是一个梦想,而是会成为现实和越来越多领域实现的可能。当然,各种平台的出现让"内容变现"这种形式虽然看似更加容易了,可要真正做好却不是只有好的内容就能实现的,除了内容过硬,还需要平台的支持。同时好的内容更要有持续性,除了烧脑不能

第八章
电商主播 IP 的变现法则：让变现给直播添动力

停，还需要好的团队来共同参与制作和运营。这也是很多平台只想专注于做平台，而不愿意做内容的原因，一是制作内容需要聘用大量的创作型人才，成本高不说，还容易出现创作瓶颈；二是在民间内容的创造者众多，通过互相扶持实现变现。而且不同时期流行不同的变现形式，就看谁能踏准节奏了。

直播带货

无论是线下销售推广产品,还是线上直播带货其本质都是销售,而销售的本质,是商品的售卖。所以,目前直播非常重要的变现手段就是通过直播来实现导购和带货。直播本质上是一种眼球效应,一群人在直播间,会无意识地受到感染从而出现冲动购买。所以,各种人马纷纷都在进行直播带货赚钱。

直播带货分为几种类型。第一种是类似抖音和快手这样的平台,可以称为娱乐带货直播平台;第二种是类似淘宝、拼多多、京东、蘑菇街这样的直播平台;第三种是短视频带货。

快手最初只是一个短视频的剪辑软件,因为使用人群不断增加,变成了通过服务器可以上传短视频,创作者剪辑后可以直接宣发,然后又增加了直播插件。

直播最初是不带货的,只是娱乐性质的小视频和小段子,但从2017—

第八章
电商主播 IP 的变现法则：让变现给直播添动力

2020年开始不断进化，抖音和快手已经不再是纯粹的娱乐平台，更多实现了直播带货。很多产品品牌开通直播，利用粉丝互动实时化、消费场景可视化、营销方式多元化的特点，连接到卖货链接，实现销售转化。目前，抖音账号卖货链接除了是淘宝、京东等，还可链接到抖音官方电商服务平台——抖音小店。相比于其他第三方平台，抖音小店跳失率、卖货门槛相对较低，技术服务费相对优惠。

虽然很多平台都在做直播带货，但细分起来也有不同的模式：

一、职业型带货

顾名思义就是以带货为职业，不是做娱乐顺便去卖货，而是以卖货为首要任务。比如薇娅、李佳琦、辛巴，三者目前都属于职业带货的主播。职业型带货选择的主战平台一般是以淘宝直播和快手直播为主。职业型带货的特点：首先，实现货物销售为目标，销售手法纯熟，持续向粉丝售卖不同的产品，通过消费粉丝而获利；其次，主要收入来源是直播费和产品销售分成；再次，带货的模式一般会用抽奖、限时抢购、最低价等方式吸引用户并与之产生直播互动；最后，这种带货模式一般具有较强的包装和推广团队，需要花大力量拓展粉丝，一般女性粉丝偏多。能够实现职业型带货模式需要强大的供应链管理能力和议价能力，能够拿到更低的折扣价以优惠粉丝，这样才能使得粉丝产生黏性。想实现职业型带货需要有过销售经验或者当过小生意老板，并且有专门的运营团队。

二、网红型带货

一般是在其他平台不做直播就已经很红的人，如以罗永浩为代表的直播

就是属于网红型带货。这类型以带动粉丝为目的，顺带卖货，不擅长带动抢购的气氛。收入来源有服务费、产品销售分成以及用户打赏。网红型带货通过本身的知名度来吸引消费者围观，粉丝比较综合，不止女性粉丝。这类型的带货对供应链的管理能力相对薄弱，在选品上也需要下功夫努力提升和优化。想做这类型的带货，一定是已经有了知名度的网红，更容易带货变现。

三、明星带货

就是通过明星实现直播销售。比如李湘、刘涛、鹿晗等人都属于这类型的。一般主战平台有淘宝和小红书。明星本身具备社会影响力和知名度，对于产品的溢价能力高，但不是所有的明星都能带货，刘涛带得不错，李湘却带得不好就是一个例子。明星带货类型的收入是代言费、服务费和销售产品分成；这类型的带货粉丝比较综合，大部分还是明星之前的粉丝捧场的多。带货的产品类型跨度比较大，有普通日用品也有高档奢侈品。虽然供应链的管理能力相对不强，但对于品牌来说，能够很大程度提高品牌形象，增加曝光率。当然，这类型的主播不是人人都能做，只有那些有了知名度的主持人、明星艺人才可以。

四、地方特色型带货

一般是各地市、县或镇里的市长、县长或镇长，为了促进本地经济进行的特色产品销售直播。主战场一般为淘宝直播或拼多多等平台。邀请有特色的地方官员或贫困地方的父母官来做产品代言人，平时不怎么能见到的领导走进直播间容易引起人们的好奇围观。领导做直播不应该有收入，只能是帮助地方农户或旅游业发展，解决经济困难问题。带货的类型一般是推广当地的特色产品和旅游，尤其以当地农土特产为主。优势是可以让人们近距离接触到绿色农产品，但弊端是产品难以规范化，往往在产品质量上不好把控。做这类型直播的人往往适合有特产或贫困地区的领导干部，短期来说效果较好，长期来说还是需要培养出一批新农民主播，打通生产端和消费端的壁垒，构建数字化新农业才是长久之计。

五、自有品牌带货

一般以企业或商家自己卖货为主，多是在淘宝或京东这样的大平台进行直播。这类型的直播有卖货和引流两个目的。以自己的品牌为主播内容，获取流量和影响力。比如董明珠卖自己的产品就是典型案例。主要收入是卖货收入，对粉丝的影响力不如网红和明星来得强烈，通过持续的内容输出和启用多位素人主播来积累内容。每个品牌都需要做直播带货，主要的目的是进行引流，卖货是其次，同时能够找到可以与企业共同成长的有潜力新锐主播，收获更多惊喜。对于不差钱的品牌，可以用明星和网红进行主播资源匹配，最终实现压低价格以量取胜。

六、素人带货

因为普通人没什么知名度和影响力，所以在直播平台的选择上也没有太多局限，只要自己喜欢的平台都可以尝试。受自身的能力和影响力所限，能

够影响到的也只是身边的人，如家人、同事、朋友等。直播带货的方式主要以自用分享为主，自己用得好，真心推荐给身边的人。前期因为没有什么资源和名气，需要自己找货源直播挂链接，和商家谈好合作分成，主要收入是带货返佣。所带货物多数以生活用品和零食、居家亲子用品居多。素人直播卖货是次要的，积累人气和粉丝是主要的，要不断提升个人综合能力，让商家发现潜力最后主动找来。所有对直播感兴趣的人都可以做，自己喜欢最重要，尤其是能够放得开、坚持得下来的人做起来会更好。当然，普通人也可以去找MCN进行包装成网红，另外可以找商家合作去当品牌专用主播。举个最简单的例子，如果你是一位育儿高手，会选婴幼儿用品，并且也有不少妈妈群的话，完全可以找母婴用品的商家去洽谈合作。最后还有一种可能，自己组建小团队带货变现，介于MCN和商家之间的机构。

无论哪一种带货模式，只要符合其中的条件就可以尝试，直播带货是主播变现的一条很好的途径，一旦做好名利双收。

第八章
电商主播 IP 的变现法则：让变现给直播添动力

● 承接广告

现在是泛直播媒体时代，网红直播成为一个不可忽视的流量风口。由于直播的即时性质，在线进行宣传，粉丝流量都是鲜活的并且具有流动性，所以广告传播的效率很高，曝光率也更高。所以，直播承接广告变现成了一大趋势和主流。对主播来说最重要的，除平台的签约费和礼物提成外，广告佣金就成了主播们另一大收入来源。

除了少量的直播账号首页广告，就是观众们刷礼物的钱了，而这些钱对于平台的支出来说，实在入不敷出，想要平台和主播都能健康长久地发展下去，就必然要让主播去接广告，然后平台从中抽取一定的提成。这样，既满足了甲方的需求，又可以让主播和平台都能赚到钱。这是一种共赢和共同发展的需要。

直播投放广告要比传统广告具备优势，因为直播聚起来的粉丝本身需求大致趋同，广告投放也实现了精准性。传统广告较盲目而缺乏精准性，投入的

成本高之外，大部分无法直接找到受众。直播广告更多的是依赖网红对粉丝的人格化感染和定向化营销。在精准人群和垂直内容的基础上，网红主播的人格魅力拉近了他们与粉丝之间的距离，从而建立起了更亲密的互动和更深层的信任，为其后续的流量变现与商业拓展创造了巨大的想象空间。

直播承接广告变现其实是网红主播与粉丝共同主导的社群营销模式，属于一种新型的商业模式。常见的直播承接广告的模式有以下几种：

直播+内容广告推荐：这类型的广告，多数以在某个垂直领域或知识领域已经爆红的主播或明星主播来做居多，像高晓松、罗振宇、俞敏洪、樊登等。他们已经建立了固定的粉丝群，并且具备一定的影响力，所以在直播的过程中能够以其专业知识和经验智慧与粉丝建立起比较具备黏性的情感连接。因此也就具备了向粉丝推荐与直播或自己知识领域相关度高的产品。比如推荐好书、电影，甚至自己喜欢的某个产品，都能产生很好的广告效应，往往后续变现的效果也非常明显。

直播+电商购物：现在我们经常看到网上售卖平台会标有"某某明星同款"，这后面的潜在意义就是如果某个网红主播穿了一件什么品牌的服装或使用了某个品牌的产品，只要在自己的账户里贴出某产品的链接，就很容易引流变现。比如，郭富城的网红女友曝光后，很快就在微博上甩出一条淘宝链接，将流量通过淘宝店变现。类似这样的美女主播或模特，因其独具一格的衣着搭配、时尚品位和生活方式，而成为粉丝们在审美、娱乐和消费等方面的意见领袖。在直播过程中她们的服饰、鞋帽、化妆品经常会成为粉丝问询焦点，这恰恰就是广告的机会，通过从直播向电商的导流也就水到渠成地完成了流量变

第八章
电商主播 IP 的变现法则：让变现给直播添动力

现。未来很多网红主播都会利用这一趋势来达到让产品或商家投放广告链接，完成广告推广实现电商购物引流的提成变现。

直播+内容植入：我们看电视剧都有过这样的体会，比如哪个赞助商赞助了电视剧，那么在电视剧场景中就会经常出现某个赞助商的产品。这就是一种植入的广告形式。直播也可以有这种植入式的广告推广。比如游戏直播，用户观看主播打游戏时，游戏无意中就变成了广告的载体，这种方法针对性较强，而且是很精准的。将广告植入游戏内容之中，做到内容与广告无缝链接，相互融合。现在很多电商直播，网红直播教授用户一些化妆、服装搭配的技巧，然后推荐实用的产品，这样不至于引起用户太大的反感。从某种程度上看，网红与用户电商匹配也可以算得上一种服务，事实上也是一种内容植入式的广告。

直播+体验式：如果说直播已经让用户和粉丝从之前只能看到商品而看不到人，进步到了既能看到商品又能看到人，实现了很多精准带货与广告分享的话，未来 VR 技术的参与将实现用户更加充分的体验。VR 技术与直播内容的深度结合将会更进一步地使得流量变现的过程更加平滑。如果某手机产品的发布会能够借助 VR 直播向更多不在现场的用户展示更真实的手机体验；如果资深驴友能够利用 VR 直播在旅游胜地或野外探险的全过程，那么一场直播就是一场面向精准用户的广告，这场直播将可以直接导流到某手机的预订官网或者旅行团的活动主页，从而实现流量转化。

当然了，直播承接广告是直播变现的一种，但直播也不是什么广告都能接，也不是什么广告接了就能往外推广，网红主播一定要考虑粉丝可接受的

内容，如果是硬性植入产品广告，可能会伤到粉丝，甚至会导致平台封号。广告承接不但要依据视频或直播的时长以及观看人数，还要针对引流到相应的活动页面的流量数据进行分析结算。可以根据派单主提供的主题设计、内容、创意策划等结合直播的辅助建议，如果要求提供完整的广告内容可以另增加服务费等。

主播承接广告需要建立对接的广告平台，专门对接网红直播和商家的派单接单资源。因为无论是有经纪人的主播还是其他单飞的网红或艺人，由于经济性质不是很明确，所以广告商家可能不了解你，找不到可以合作的信息，想加深了解，时间又不允许。而主播更是广告接单被动受众方，谁是派单主或者有什么广告，主播更不知道。如果是做自媒体行业，有人脉资源的大咖，手上有很多派单资源，在行业圈中也有大量的主播资源，可以联合整理形成一个大型的对接渠道。这也是建立平台对接广告服务的关键。

一般主播在建立平台对接广告方面需要有哪些注意事项呢？

（1）无论是有经纪人的还是单飞的主播，都可以进驻平台。在平台中根据主播直播内容和粉丝性质，主播的粉丝量进行整体的规划分类，大概分为秀场类，时尚达人类，游戏类，等等。

（2）平台上的大咖们在对接资源的时候，就可以将派单分类引导到平台上的主播资源当中，然后网红主播就可以根据需求选择广告接单。

（3）不仅主播有选择接单的权利，派单主也有选择主播的权利，这并不矛盾。主要是看网红广告平台的实力，实力越大，能整合的资源也就越大，派单和接单都有了很多的资源选择。

第八章
电商主播 IP 的变现法则：让变现给直播添动力

（4）通过接单广告成交收取对接佣金。无论什么时候，无论什么样的广告，最终能够变现考验的还是一个主播的人气和他拥有的粉丝量，当你有足够多粉丝，并且是某个行业有一定影响力的主播时，哪怕你什么也不会，但只要有足够多的真实粉丝，那么，就会有很多人找你合作，让你帮他们打个广告，或者做个宣传，或者一起合作拿分成，都是可以实现盈利的。

● 撩粉打赏

互联网的发展,使"人人都能玩直播,人人都能当网红"成为可能。普通观众通过给主播打赏或送礼物,就能和主播聊天互动,从而获得心理满足。粉丝与主播可以说是各取所需,粉丝不仅仅在直播间排解无聊,还会出于种种心理需求打赏主播。所以,主播的另一个变现途径就是靠粉丝打赏来赚钱。据资料显示,网络直播从诞生起,在我国已经积累了3.5亿忠实观众,提供网络直播平台服务的企业超过300家,网络直播行业2019年的年产值已达到1000亿元人民币。

作为网红主播粉丝量肯定不少,通过直播获得粉丝的打赏,粉丝打赏的礼物主播可以按照比例拿到一部分。这里还要强调一点,不同的平台主播拿到粉丝打赏所占比例也是不一样的,这就要看所在平台的标准了!比如抖音,音浪是抖音虚拟货币,是粉丝给主播打赏的工具之一。抖音音浪规则是10个音浪等于1元钱,主播靠音浪提成变现。主播音浪提成比例是根据直播间权重而

第八章
电商主播IP的变现法则：让变现给直播添动力

定，通常是在30%~55%，权重越高提成比例越高。

一般能够靠粉丝打赏赚钱的直播，多数属于秀场直播，要与带货直播相区别。秀场直播里的主播都是颜值高的帅哥哥小姐姐，在直播间与粉丝进行聊天、才艺表演等。主播跟粉丝进行各种互动，然后用户打赏。用户打赏主播的钱，一部分给主播分成，一部分上交平台，这是秀场直播获得收益的主要模式。

之所以主播会收到粉丝的打赏，因为粉丝中"藏龙卧虎"，各种人都有，当然也不乏很多有钱人。无论他们是"土豪"还是普通人，都希望在直播间里图一快乐，找找存在感。所以，很多人在与主播互动的过程中感觉心情爽时，就会忍不住出手打赏。这既是对于主播喜欢的一种表达，也是给自己刷一种存在感。当然，网络主播能挣到钱，但是想成为网红挣更多的钱也不是那么容易的。网络主播的收益主要来源于粉丝打赏与送礼物，因此要长时间地直播不停地涨粉。有时大半夜了，还有主播在工作，就是为了要有足够的粉丝量，因为不是每个粉丝都那么慷慨大方的，有的粉丝可能就看看，过过"眼瘾"。

打赏首先是粉丝给喜欢的主播的一种金钱支持，是对主播的认可和激励行为。因为在一些"土豪"眼中，钱不是最重要的东西，他们打赏给主播求的就是一个开心，主播负责表演，他们为这种表演埋单，就这么简单。就跟之前人们看戏一样，主角唱得好，观众就赏钱一个道理。但随着直播的不断发展，现在也有不少人依靠打赏来进行自我价值的标榜和刷存在感，还有很大一部分人打赏不一定是认可主播，也有人是为了能够进入排行榜和提高曝光度，希望让主播注意到自己，这样一来就可以加入主播的VIP群，甚至有机会加上主播

微信实现进一步联系。

　　无论是哪一种打赏，要想让粉丝表达"慷慨"还是非常考验主播的综合能力。你在台上唱戏，就要让人看得过瘾，不然不但不给赏钱，还会扔你臭鸡蛋。如何能够做到让人打赏可以翻前面我们讲到的如何了解粉丝，如何做好内容，如何做个有趣、有料的人，当你形成了一个独特的风格，能够变成个人超级IP，即使粉丝打赏不多，也能从其他渠道赚到该赚到的钱。

第八章
电商主播IP的变现法则：让变现给直播添动力

● 企业宣传

直播圈里有这么一段话：多年前的企业传播是1.0版，大部分企业都是在做自己的官网；后来到了2.0版时代，大部分企业都有了自己的微博来做宣传；到了3.0版本时，企业宣传主要靠自己的微信公众号；而现在是4.0版时代，企业是不是该有自己的企业直播间了呢？

在当今竞争日益激烈的社会，企业想要在社会上立于不败之地、走在同行的前端，就不得不采取一定的手段来强化企业形象和产品理念，从中不断提高知名度，增强影响力。因此，宣传推广就成了实现企业经营战略目标的重要手段！

企业选择媒体投放广告，不仅曝光率低，而且顾客看完即走，完全没有黏性可言。同时，广告的形式也十分容易让顾客在心理上产生排斥。如果一家企业既没有用户黏性，又丧失了客户的好感，那确实堪忧。

所以，企业宣传也要跟上时代跟上潮流，吸引当下人们的碎片化注意时

间。直播已经成了很多企业宣传的途径和趋势。随着互联网技术的日益成熟与受众习惯的养成，直播就是一种新的信息传递媒介。它结合了以往的视频营销、社区营销、口碑营销、事件营销等特点，是能让品牌、营销、用户、交易和社区连贯起来的一种新型的网络营销模式，也是企业一直梦寐以求的营销模式。正是源于此，直播变现的第五种途径就是通过企业宣传来达到推广品牌进而达成交易，实现盈利变现的目的。

企业无论是自建网站的1.0时代，微博传播的2.0时代，还是微信公众号传播的3.0时代，但限于不直观，即使有图有真相也远远不如直播真人秀来得没有距离感。在市场竞争日益激烈的当下，企业得不到曝光，产品得不到宣传，东西怎么能够卖得出去呢？直播之所以成为企业当下传播的最佳途径，是因为具备很多传统渠道所不具备的优势：

首先，以直播方式给企业进行宣传的话，互动性强权威性高，整体感觉更直观明白，容易让受众一目了然，即使不购买，也已经起到了品牌曝光的作用，这样比传统的广告方式更有效，也更节省成本。

其次，直播的广告一般都是润物无声的植入性广告，不是硬性推广，不易引起别人反感。主播在直播的过程中就很自然地植入了广告，便捷的同时可以很好地宣传企业营销场景，比起传统的电视广告、户外广告以及之前微信公众号和微博上的推广，会更加直观，广告推广也更加得心应手。

最后，直播为企业宣传不仅仅是一个广告语那样简单，也不仅仅是说该企业产品如何好用那么局限，而是可以实现全方面的实地感受，比如可以去车间，去生产一线，将整个生产过程进行网络直播，让消费者有很强的直观感和

第八章
电商主播IP的变现法则：让变现给直播添动力

体验感，自然有可信度。另外直播还有一个更大优势，可以保存回放，可以不限次地实现广告推送。未来企业都会通过直播实现变现和盈利，使直播与企业宣传营销完美结合，帮自己吸引粉丝，吸引客户，转化成交。作为一种新的媒体形式，它与传统电视一样具有丰富的表现手段，某个时段聚焦到一个点，营销效果不言而喻。直播的即时互动性让观众能够与商家及时交流互动，不再被动接受广告，通过沟通、抽奖、游戏等形式建立了情感纽带，能更好地达到企业宣传的目的。

在直播间，企业可以有属于自己的直播场景，可以访谈，可以探店，可以商演，可以活动，一切都是企业专属。同时，直播间可以设置"非请勿扰"，做到只让想看的人看到。更重要的是，有了直播回放，用户随时随地都可以观看。

所以，未来的企业不但可以通过直播变现，还能通过直播实现很多低成本、高效果的推广和成交。

本章重点：

做直播，变现才是硬道理，大家都知道如今网红很红，不少人也都喜欢看网红直播，自己也想成为一个靠直播赚钱的人。但要问网红到底怎么赚钱，估计好多人都得想一想。所以，本章节重点分析了主播变现的几种常见模式，总有一款是适合某一类人的。

第九章

电商主播背后的社群运营:直播+社群才是优质搭配

爆红的核心来自粉丝

从 PC 互联网到移动互联网,时代向前发展,推动着经济形态也不断发生变化。一个人在镜头前说说话就能日进斗金,就能成为爆红主播,这是一个时代促生的结果,也是粉丝经济最好的诠释。魅力人格体、粉丝经济、用户的参与感、群成员的共同协作、情景营销等都是这个时代的重要标签,实现了企业与人、人与人、人与品牌之间形成了良好的互动与连接。正是由于这样的连接,才有了以互联网为依托的直播,以及通过直播聚集起的大量粉丝捧红一个又一个的爆红主播。

比如吴晓波,著名财经作家,他借助粉丝为他的吴酒打开了市场,让吴酒走入了公众的视野之中。罗振宇也是凭借粉丝搭建和运营了自己的自媒体从而名声大振,成为行业效仿的对象。小米更是国内最早通过建立粉丝社群,形成了品牌和规模效应,无人能及。小米能玩社群,并且能玩得起来,除了产品因素和 IP 本身的高势能,还有一个重要原因,那就是小米深谙社群经营的精

第九章 电商主播背后的社群运营：直播＋社群才是优质搭配

髓——粉丝的参与感和互动性。

所以，无论何种形式的爆红，其核心要素都是因为有粉丝聚集和参与，最后形成社群，然后社群发展壮大，可以促成更多交易，完成商业变现。其中，内容是媒体属性，用作流量入口；社群是关系属性，用来沉淀流量；商业是交易属性，实现流量价值。

在一个"得粉丝者得天下"的时代，以人为本，以用户的真实需求为己任，以极致的产品体验为宗旨，真正能够以粉丝为出发点，粉丝的体验为目标，做好内容、好产品、好服务，那么必然会成为这个时代的佼佼者，也才能够享受到粉丝带来的回馈和红利。

在移动互联网时代，同质化的产品让用户越来越容易产生审美疲劳，导致推广成本越来越高，这也让大家越来越重视粉丝经济、社群经济。未来的品牌没有粉丝迟早会死。未来很多企业可以没有自己的知名品牌，但是必须要有自己的粉丝社群，否则难以应对日益激烈的互联网竞争。凡是赚得盆满钵满的人，都和粉丝脱不了关系，有粉丝才有未来，没有粉丝没有任何竞争力。

直播爆红更是如此，如果没有粉丝的追捧和关注，又怎么可能红呢？粉丝是流量，是潜力，是每个人变成网红的基础。随着自媒体的进步，网红成为互联网趋势下的必然产物。其实是各个互联网平台为吸引粉丝而推出的引流款"单品"。早期论坛社群中的红人、微博中的名人、视频直播中的超级版主……都是平台通过单体效应带来平台粉丝的利器，后续的利润款产品随即附上，在"他好我也好"的利益捆绑下，这些"单品"不红都不行。

很多网红也知道粉丝的重要性，在维护粉丝方面非常下功夫。比如，他

们虽然不会和粉丝单独交流，但还是有专门给粉丝举办的现场活动。为的就是让自己的粉丝更加有黏性，不会快速流失。为什么呢？为了自己的虚荣心吗？——当然不是，因为粉丝才是网红的主要经济来源。一个人被关注的次数高了，有了自己的粉丝和关注团体，那么他就会成为一个"网络红人"。当一个人的热度或者经手的流量达到一定程度，就会有人来找你打广告，宣传淘宝店铺，等等。假如效果显著，那么酬劳自然而来。

因此，如何维护粉丝就是一个值得学习的事情了。粉丝把网红捧红，那么，网红就要时刻关注粉丝需求。

粉丝的前期需求往往看重福利。尤其是直播的粉丝，大部分都是从游客转变来的，在刚开始成为你的粉丝后，都会有一些陌生感，不会主动交流，这个时候最好的方式就是发放福利了。筛选方式也很简单，谁最活跃就发给谁，同时还能形成一种正向的引导，鼓励大家活跃起来。什么样的福利活跃度更高，什么样的福利激起了潜在活跃成员的参与，不同的成员需求不一样，只有多试多观察才能做出准确的分析。

粉丝的中期需求重在体验。当粉丝对自己关注的人和产品有了一定的了解，一般的福利投放不能再吸引他们的注意力，这个时候的运营重点就在于提升粉丝的体验感。比如卖出去的产品要让粉丝感觉性价比高，售后服务也好，当粉丝的体验越来越好的时候，才能产生更大的黏性，也会分享给更多人，带来更多潜在的粉丝。

粉丝的后期需求需要一个好的平台。一旦粉丝能够对一个人产生不离不弃的信任与喜欢，那么就可以称为"铁杆粉丝"了。这时候就可以建成自己的

第九章

电商主播背后的社群运营：直播 + 社群才是优质搭配

粉丝社群和圈子，也就意味着粉丝都已经完成了沉淀，前期的大量普通成员都有了质的不同，一部分变成了"天使用户"，一部分变成了"种子用户"，还有一部分产生了新的裂变。这个时候，就要积极地推动整个平台，通过产品和社群带来利益的最大化。发现用户的不同寻常之处，不断调整产品特点和群成员需求点之间的匹配度，让群成员变为宣传的一部分，产品的代言不仅仅是名人效应，还有用户的烘托。

粉丝的力量有多强大呢？从 2015 年超火的超级女声，到熬夜排队购买苹果的"果粉"，再到咪蒙创造的 10 万 + 阅读量……自社交媒体建立以来，粉丝及粉丝经济开始"大行其道"，无数品牌和个人，借此机会获得了自己的成功，社群、网红、IP、自媒体，实际上都是粉丝经济的产物，市场竞争也围绕粉丝轰轰烈烈地展开。

在粉丝经济时代，对于每一个 IP 来说，它的粉丝越多，那么它必然可以占据更多的市场份额；而粉丝越忠诚，它存活时间就越长，发展动力也就会越强。

当我们知道，网红的核心来自粉丝，那么就要和粉丝"谈恋爱"。这一点才是终极法宝，也是我们打造个人 IP 的终极目的。粉丝变现是谁也逃不掉的话题，如果培养粉丝不是为了变现那就毫无意义。谈到粉丝变现，就一定要有粉丝黏度。让粉丝离不开你，让粉丝主动传播内容，让粉丝通过爱上你的内容进而爱上你的人。让粉丝主动买单才是做网红、做内容的最高境界。

● 用自己的直播，建自己的圈子

对于圈子的重要性，网上有很多观点。为什么要建圈子？每个人是一个点，每个人的交际形成面，每次交互都是单线传播！做好口碑不是简单地借助外力，而是做好身边的点滴！世界很大也很小，圈子很重要！而其中尤其可贵的是与人分享的精神，这份诚意使得交换的过程，超出信息本身的价值！直播同样需要建自己的粉丝圈子。像《罗辑思维》《樊登读书会》，都是先有了粉丝，后来又将粉丝变成了圈子，然后再为圈子成员提供优选服务，从而实现了盈利和声誉的双重收获。

因为，建立了圈子，就代表一群志同道合的人能够聚集在一起，一起学习，互相交流，资源对接，共同合作，是最快的一种成长方式。一个没有圈子的人，在学习上，效率会非常低下。因为现在的信息太多了，你自己根本无法分辨哪些是好的，哪些是坏的，哪些是最新的有用的，哪些是过时的。完全凭自己摸索只能是"盲人摸象"，乱打乱撞，最终因成效甚微而失去动力，只好

第九章
电商主播背后的社群运营：直播 + 社群才是优质搭配

放弃。一个圈子里的人则不同，因为相同的兴趣和爱好，对网红统一的热爱，使得大家变成一个整体。无论是学习还是购物，都能实现集体性的目标，不但成本低，学习和收获都能提高。

直播一定要建立粉丝群，变成自己的圈子更容易引流也更容易带货。无论是第一天开播的主播还是第100天开播的主播，把直播当成事业的主播，就要建立粉丝群。很多平台的通知模式是不能全部照顾到的。就算关注了主播，这个主播开播了，也有许多的粉丝通知不到。这时粉丝群的作用就体现出来了，能够及时地通知铁粉，主播开播了。有的平台会根据主播在5分钟内进人的频率，安排给主播多少流量。这一点很关键。建立粉丝群，能增强凝聚力和忠诚度。就和行军布阵是一个道理，有指挥，高度统一的集合体，才能产生更强大的作用力。

还有一种情况，人天性都有刷存在感和与人攀比的心理。比如，在主播的房间里有不少人互相比拼刷礼物，引得弹幕飘屏。粉丝群外是一种体现优越感的模式，粉丝群内也是一种体现优越感的模式。只有建立一个圈子、一个群，才会让你的粉丝互相形成更大的竞争关系，为主播带来更多的打赏或其他利益。

举个最简单的例子，如果一个学摄影的人想要一个专业的相机会去哪里买呢？会去京东？会去天猫？还是会去线下的购物中心？摄友们的答案是：直接找我们圈里的摄影老师就行了。如果一个带娃的妈妈想给宝宝买安全放心的奶粉，会看到大屏幕上的广告就买吗？一般妈妈会给出答案：别信那些广告，都是忽悠人的，还不如让我们宝妈群的某某从新西兰或我国香港地区代购。如

果是一个爱旅游的人会如何规划自己的旅游路线呢？是去找专业的 App 给自己定制呢，还是找自己认识又资深的驴友一起去玩儿呢？显然选择后者的多。这就是圈子的力量。

那么，在建立自己粉丝圈子时有哪些注意事项呢？

首先是定位。打造圈子和打造个人品牌一样，需要做出精准定位。只有定位准确，价值观才相同，才能吸引志同道合的人，也才能让粉丝由普通的粉丝变成"死忠粉"。另外，也要切合自己的特长，你会讲书，你就要吸引爱阅读的粉丝，如果你做的事情在你自己的领域一窍不通，是不可能赢得粉丝的信任的。只有你是这个领域的"专家"，粉丝才能信赖你，追随你。定位不能太宽泛，也不能太狭窄，有一个最简单的方法就是看百度指数，如果指数为 0 的领域，就别做了，受众太小。

其次是打造粉丝圈也要有规则。建立一个群不叫圈子，只有粉丝中有了核心人物，有规则，有分享机制，甚至有一定的门槛才叫圈子。没有核心人物的圈子是一盘散沙；没有规则的圈子会变成广告群；没有门槛的圈子会什么样的人都有，很难运行下去；没有分享机制的圈子，大家都是索取心态，圈子没法形成合力便没有价值。做圈子，一定要淘汰掉索取型的人、没有感恩心态的人，否则圈子根本无法运行。另外，圈子人数不在多而在精，太多低层次的人，只会拉低圈子的价值，让优秀的人选择离开。

之前是先有了产品再有客户，现在是先交了朋友再卖产品，圈子的功能就在此。以前我们认为产品好，价格有优势就能卖出去。而直播下的电商思维跟传统企业就刚好反着来了，它是先跟你把信任感建立起来，你会发现做直播

第九章

电商主播背后的社群运营：直播＋社群才是优质搭配

的回答起问题比电商客服都有耐心，目的只有一个，就是能够建立起跟粉丝的信任感，再把产品卖出去。未来的产品利润会趋近于0，获取客户成本会越来越高，最大的壁垒不是技术，也不是资金，而是基于人与人之间的情感关系，情感和时间将成为最大的壁垒。

就像网上形容的一个公式：

如果只有1个粉丝，连接系数为0，这是一个失败的公司。

如果只有10个粉丝，连接系数为1，这是一个传统的公司。

如果只有100个粉丝，连接系数为2，这是圈子雏形。

如果只有1000个粉丝，连接系数为3，这是一个中等圈子。

如果只有10000个粉丝，连接系数为4，这是一个大型圈子。

如果只有100000个粉丝，连接系数为5，这是一个现象级圈子。

连接用户，获得用户，留住用户，把他们变成你的粉丝，形成你的圈子，是现在乃至未来的盈利之道。用户第一次消费产品，是再次消费的开始；用产品连接上用户，频繁互动，建立长期关系后，创造的价值就更大了。

今天，大家的消费是分阶层的。相同阶层的人是可以玩在一起，可以买相同品牌、价位的产品，但是不同阶层的人就很难玩到一起。大家在购买产品时不再是基于功能性的消费，而是在某个场景下，要送给女朋友、同事等场景下的消费。所以，建立粉丝圈子就是要解决我们的目标用户的需要，如何使这些人跟我们协作、连接、互动，产生良性循环才是关键。

线上、线下互动才能让社群有活力

社群给大家带来互动、传递、分享、推广及其他形式的引流与转化领域，它是一个起点的开始，最终还是落在服务与产品上。更多的则是会员类服务与拉新类互动，想要一个点拥有优势就需要全体或是某些人群共同互动。涉及互动，那么真正的营销场景就要实现线上和线下共同互动。

一个圈子，定期的线上交流和分享是必不可少的，否则圈子很快就会"死"掉。线上聊一年不如线下见一面。虚拟世界里的朋友，不管多熟悉，都只能是"熟悉的陌生人"，线下聚会才能建立真正的信任感。有了线上的交流，线下聚会就很容易达成合作，碰撞出火花。如果社群只有线上活动，大家线下没见过面，这是非常糟糕的现象，因为没有亲切感大家的关系就会慢慢淡下去。但是只有线下活动的话，成本会很高。最好的就是线上与线下的结合，比如你1周左右有线上的分享，2周左右就要有线下的活动。

有一个做化妆品营销的主播，她创办了一个高端私人定制的化妆品品牌，

第九章

电商主播背后的社群运营：直播＋社群才是优质搭配

从生产加工到销售一条龙服务的个人企业。最初，她花了很大的精力投入广告和推广，但两年下来，生意并没有想象的好做。当她开始接触直播的时候，她发现，移动互联网要比 PC 端淘宝这种销售方式更有黏性，她开始重新定位自己的社群。她发现，产品说得再响亮，广告打得再响，没有口碑宣传也起不了多大的作用。她开始在周围拓展朋友，她分享的内容，给朋友们传递的东西都是正能量、积极的东西，这类朋友慢慢跟她互动多了起来。再后来，有几个她认为不错的人，做起了她的代理商，她进行统一培训。再后来，第一批做她代理商的朋友，成了区域代理，如今她的产品已经卖向全国，而且盈利是以前的 N 倍。她的社群靠的是朋友之间口口相传，以及共同的爱好和价值观。她社群里都是 25~35 岁的已婚女士和妈妈们，在交流育儿心得和家庭纷争方面，互相都能产生共鸣。加上她们总会不定期地举行线下沙龙，妈妈宝宝亲子活动日等，她的社群越做越好，黏性越来越大。直接带来的经济利益就是她的产品销量一直很稳定。再后来，她有了固定的粉丝圈子和客户，直播做得也非常好，同时带火了粉丝群中其他粉丝的生意。比如，除平时线上直播之外，线下她的粉丝圈子还一起自驾游，还有一起做亲子教育的活动的，一起健身练瑜伽的活动的，这些线下的活动使得圈子里的人不断产生互惠互利，最终实现了线上粉丝不断拓展，线下不定期的活动让大家都彼此信任，圈子越做越大。

"线下社群＋线上直播"应是未来的营销新模式，线上直播给粉丝带去性价比高的产品，线下实现互动，增加粉丝黏性。线上聊一百次不如线下见一面。通过移动互联网的连接很容易找到价值观相近的伙伴，但若没有见面机会，彼此很难产生信赖。据统计，小米平均每个月举办 21 场活动，如米粉节、

同城会等，从中可以看出高频次活动对社群发展的重要性。

总之，社群需要通过一系列的活动对内聚拢成员，强化成员关系，对外宣扬社群核心价值，吸引新成员加入，同时不断地向外界宣告社群存在。当你和用户从直播间的互动发展到线下的互动，用户才会逐渐信赖你。交集越多，用户对你的信任度越高。这样才能实现"线上直播，线下社群"的多平台营销模式。

第九章

电商主播背后的社群运营：直播＋社群才是优质搭配

● 经营社群让粉丝变用户

无论做什么样的营销品类，想要变现都离不开精良的内容，打造一个圈子并不是为了没事闲聊，最终也是需要价值输出以实现变现。直播的营销更是如此，有了粉丝的大力支持，才有后续变红和变现的可能。所以，直播也要打造圈子，打造社群，这个圈子无论大小，内容一定要好。要有一种极致思维，把产品、服务和粉丝体验做到极致。

现在从视频矩阵上来讲，从传统渠道、微信私域流量，到现在的直播电商，都是关于信任流量的。只要别人信了，你就成了。而好的内容才能让粉丝持续关注，持续信任。

从 QQ 到微博、微信等社交工具的社群。社群是一个管理工具；社群是有灵魂，有纲领的群；社群是围绕共同目标，实现共同价值的群体。展望未来，直播一样也会有群，可以在直播间快速实现连接管理。移动互联网最大的功能就是连接，而社群是连接的工具。连接的基础就是信任，而信任产生的基础是

源于对直播内容的喜欢。

从第一个群成员进入开始，社群的机制就要正常运转起来，而价值输出是留住用户的最重要手段。不论是为他们提供专业的知识，还是每周提供一次有价值的产品秒杀，都要持续而有价值。在此基础上，要积极利用群内已有成员尤其是种子用户的社交圈，制定裂变机制，实现群成员在数量上的飞跃。

将"社群好友"升级为"用户"是每个社群电商经营者想要做的事情。那么，如何才能有效解决呢？

一、要重视成员的意图

每一个进群的成员都是有意图的，不然谁也不会浪费时间和手机空间来无缘无故地进一个群。社群成员在进入你的社群之前会出于爱好、结交等意图查找社群，了解社群的基本状况。这里社群运营者需留意的是，成员查找到的社群可能不止你这一个！所以，运营者要提高自己社群在成员挑选阶段的竞争力。

二、明白"粉丝"和"顾客"的不同

粉丝可以转化为客源，客源也可以转化为粉丝。比如说，在微信公众号里面有很多人是你的粉丝，但可能不是你的客源。根据我自己的经验来看，我们在做自己的品牌、卖货的过程，也是在将粉丝和客源之间进行有效的互动。我觉得粉丝和客源之间的区别并不是最主要的，最核心的还是沟通要做好，只

有这样才能使社群真正的有价值。

当你的社群有了竞争力之后，还要考虑到从"粉丝"到"顾客"之间的转化关系。粉丝是对你有了认同感，对社群有了认同感。所以，即使没有什么实质性的利益关系，也会留在社群。而顾客不然。顾客就是你提供的一种有价值的产品或者服务能满足他的需要，他对你的品牌或者你个人认同以后愿意花钱去购买。一旦从"粉丝"变成"顾客"以后，他对你的要求就发生了改变，"粉丝"是出于对价值、对理念的认同，仅仅是一种喜欢，但是"顾客"购买的是一种服务，对服务的要求是严苛的，要有质量的保证。因此我们要注意，当"粉丝"变成"顾客"以后，你就不能按照原来对待粉丝的方式去服务他了，你要按照对待顾客的标准去提供服务。

三、从群友到用户，信任是桥梁

如果是个人的产品，你的方方面面都要能够获取粉丝的信任，本着忠诚的方式去做事，不要去关注结果，我想一定能够提高转化率，这就是信任的价值。从"粉丝"到"顾客"，就是一种从喜欢到认同的关系转化，是一种商业的关系。这个就属于顾客运营了，顾客运营以后就变成客户，就是用户的运营。用户不仅仅想购买你的产品，他更希望和你进行交流，和你分享、互动，他甚至希望你可以给他提供更多的东西。而这些东西是在产品和服务之外的人格化的东西，也就是信任。只有让粉丝对你产生足够的信任，才能有持续不断的效益产生。从粉丝关系到顾客关系，事实上来讲这种转化，最主要是本着一种真诚。

直播+社群的具体玩法是什么样的呢？

第一步，直播引导加个人号。主播在直播间做互动分享，能够吸引部分粉丝留在直播间，然后要积极地引导加个人号。最初点关注只是多了一个数字，直播一开始都在养人气，只有互动产生了信任关系以后，引导大家加个人号组建粉丝群，才能形成价值共同体，成为一个社群。比如某某直播军团，某某家军，某某粉丝后援会，都是直播社群的一种。怎么才能让别人自愿加个人号呢？送关于自己直播IP定位相关的礼品；或者抽奖活动；如果是做护肤、减肥、穿衣搭配的可以提供免费咨询服务。

第二步，加个人号后的引导。加了号只能算刚开始，如果缺乏互动，不引导，别人加进来以后会感觉很蒙，粉丝加了个人号以后如果对你的印象不好，不但不会配合你的工作，还会随时退出去。所以，对于粉丝的引导行为很重要。首先加个人号以后要编辑标签，配好文案群发问候；其次带着满满的激情来感谢粉丝加入，诸如"××家族""××粉丝团"等。

第三步，对社群粉丝的运营与维护。常用技巧有：一是邀请进群要有仪式感和欢迎词；二是发发红包，让老粉一起来欢迎新粉，制造归属感；三是定期做活动，引流的活动就让粉丝转发然后送福利；四是成交型活动，要给出限时限量抢购的紧张感，也可以在直播间做。

第四步，让社群裂变实现增粉。要定制直播主题，按照社群粉丝的需求去设计，引导粉丝邀请身边的好友进直播间抢福利；定制好文案和海报，让粉丝转发朋友圈；给完成分享的粉丝送福利。

第五步，实现直播带货。有了社群以后，最终的目的是实现粉丝转化成

第九章

电商主播背后的社群运营：直播 + 社群才是优质搭配

用户，实现带货变现和产品宣传。一是要做好直播前的预热和铺垫，利用粉丝群、朋友圈，对直播内容的产品进行多渠道、高频次的宣传，突出关键信息，集中粉丝的注意力。二是要在直播中介绍产品以及优惠活动，抽奖或限时抢券，收集反馈，随时播报商品抢购数量，营造活跃氛围。三是要在研究反馈的问题以后，及时预热下一次直播的时间和内容。通过这样的直播 + 社群玩法，可以有效提高粉丝黏性，并且，通过粉丝身边的圈子做人脉裂变。

直播 + 社群，就是要抓住人性来营销，如果我们给到粉丝充分的仪式感，粉丝自然就会对我们产生信任，对直播播主的印象就会提升。甚至我们在社群里对主播的塑造和推崇，将会让整个直播间的人气大大提升，铁粉也会越来越铁，有了足够多的铁粉，后期我们变现就轻而易举了。

● 未来趋势：直播 + 社群 + 电商

随着移动互联网技术的发展，从流量经济转变成信任经济。未来的商业模式是基于人而非产品，基于社群而非广告。换句话说，我们的思维必须从产品思维进化到用户思维。社交新电商、直播新零售正在悄然兴起。未来，你的机会就在社群里，而不是在别处。

数据显示，中国每天有数以亿计的网民面对各大直播平台，在这个领域变现是最快速的。实现私域流量的变现就要选择与社群相关的产品。想销售什么产品，就要组建什么样的社群。某电视购物主持人组织了 40 个线下的购物群，已经有六七年的活动史。这个群里的人现在都是年龄在五六十岁以上，群主就选择了与这群人息息相关的产品。例如，严选的老花镜；各种按摩仪，助眠仪，保健产品等。有统计显示，这些群月人均购物额是 5000 元。除了微信群，微信小程序，QQ 群用户，我们熟悉的网络论坛的讨论组，淘宝店铺的粉丝，都是通过社交软件，可以做及时沟通，都属于私域流量。

第九章

电商主播背后的社群运营：直播＋社群才是优质搭配

直播带货短时间有效果，但流失率也非常高，这是所有平台的弊端，留不住用户。对于商家来说，要想持续获得收益，最终都需要把这些用户导入自己的私域中去，要不然就流走了。大中型企业一般是引流到自己的App，但难度非常大，中小微企业建议引流到自己的公众号，以便二次开发上新和复购。如果是以线下为主的品牌，一定要考虑线上引流到线下，在线下做好本地化"最后一公里"的体验与服务。

未来直播要想持续发展，离不开社群直播化，同时"社群＋"才是未来的主要趋势。

从长远来看，5G技术带来的带宽提升，使得视频对于传递信息的能量来讲，远远高于图片、文字。直播因为不但具备图片文字功能，更多的是视频带来的"去距离感"。所以，直播对企业起三个作用：品牌传播、建立与客户互动的通道、维护粉丝。总体来说，直播对于企业来说还属于公域流量。要想实现持久流量的价值，就要引入自己的私域流量，比如社群就是私域流量。直播就是从公域流量来吸粉，所以要用好的内容去抢流量；而社群作为你的私域流量，得用服务或者深度的互动来做流量，转化为真正属于你的流量。在5G时代，你可以用直播、短视频、抖音、快手，用这些直播平台来吸引流量。然后要用社群来沉淀、互动，结合场景来保障，使弱关系转化成强关系。无论时代怎样变迁，零售的本质不会离开人、货、场，商业归根结底就是企业跟消费者的关系，变现才是最终的目的，其余的一切都是手段。而社群打造的强关系，才是可持续的。

未来人们的时间碎片化，需求个性化，必将催生消费的全域化和小众化，

未来的产品和商业不是满足一群人,而是要通过满足一群人来满足一类人,这就是社群的价值。社群通过满足一群人,在这一群人心目中成为品牌,之后通过扩散传播才能找到社群的盈利空间和商业机会。因为沟通的便捷,你的社群里面可能有100个人,但是完全有可能通过这100个人影响到1万人,10万人,甚至更多。小米手机一开始它不是满足所有人,只满足"发烧友"那小部分人。通过满足手机"发烧友",再来撬动更多手机"小白",口碑裂变,带来社群网络效应。

未来的趋势就是社群顶层设计,IP+社群+场景+分享。我看了很多社群运营比较好的企业,其背后的逻辑、核心要素就这四点。打造IP带来流量,才能有粉丝,才能把人聚过来。有了需求,你才能把弱关系转化成强关系,才能把客户变成粉丝,把一群人聚起来,然后把这群人的能量或者价值激发出来,最后实现分享和裂变。社群要应用到分享经济这种模式,社群有福利效应,这是社群最大的价值。

我们看看国美是如何实现直播+社群+电商的完美结合的:

5月1日,国美携手央视新闻主持人参与直播带货活动,其中"小朱配琦"组合(朱广权与李佳琦)带货4000万元,"无法阻拦下单"组合(欧阳夏丹与王祖蓝)带货6100万元。国美零售总裁王俊洲表示,本次直播除得到央视新闻和合作伙伴的大力支持外,国美的全国16万社群和5000万私域用户也发挥了重要作用。以实体店为中心,利用"社群+直播"的新型消费模式向周边3~5公里的社区进行服务,快速响应用户需求。社群营销,是国美早已涉足的领域。国美联合品牌商举行了超千场直播活动,其中一场"超级直播"3小时

第九章
电商主播背后的社群运营：直播+社群才是优质搭配

吸引120多万用户在线观看，实现销售额1.13亿元。之所以有这么好的战绩，离不开国美的营销模式，线上广泛吸纳店主，将其商品分享到社交圈，通过熟人圈内的互相推荐，分享售卖，形成"裂变"。国美通过门店、员工建立的社区、社群触点带来了数据能力的提升，海量流量的涌入，让国美拥有了更多的用户数据绘制千人千面的人群画像，提供更符合新型消费趋势的商品，从而继续提升国美的供应链效率，高效地为用户选择商品，让国美对于货品的把控能力更强，从而降低供应链成本。

直播+社群+电商将会成为未来的营销趋势。视频直播适合于可视化程度高的产品，社群是一个开放的生态圈，单一的信息互动不能充分激活社群成员的活跃度，所以，视频直播互动的形式当然更能提升社群活跃度。与此同时，直播平台也能通过社群的推广力量扩大影响力。两个移动互联网时代的利器、新风口，相互融合，才能更加取长补短，相互扩大规模，创造出更大红利。不久之后，相信会有更多的社群开始重视直播平台，更多的商家和企业也会重视和搭建社群和直播平台。

做直播，未来的组合拳就是直播+社群。社群，是解决归属感的工具，能沉淀用户；直播能为社群创造优质内容，造势，提升活跃度。比如，直播前，社群引流；直播中，刷屏，转发，互动；直播后，社群还可以继续留存转化。有了社群，直播的传播量可以达

到最大化。提前引导大家关注直播间,提前入社群讨论,提问,配合群内氛围的建设,后续的转化观看量会更好。所以,社群在为直播做前置引流。本章节重点分析了如何建立自己的社群,如何活跃和维护社群不使粉丝流失,从而实现直播+社群+电商的最终直播之路。

后记

如何做到持续爆红？要知道当一个主播如何持续爆红，我们必须用一个"已经很红"的主播达人来现身说法，这样才有迹可循，也能够知道真正持续爆红的"秘籍"。

主播红人非常多，但我个人非常喜欢"口红一哥"李佳琦，也非常喜欢传播中国文化的李子柒。这两个人可以说是主播里的持续爆红者，他（她）们身上有着我们很多人学不来，但必须要去借鉴的东西。

李佳琦曾在合鲸资本主办的"2019全球创业周中国站·合鲸年会论坛"上分享过自己的成功经验。他把自己定位为：美容顾问、电商主播、创业者。这三个头衔都无法概括"网红"这一性质，但却又实实在在地诠释着什么是网红主播持续发展该有的特质。

之所以他能成为美容顾问，是因为第一，他不但在化妆品线下做过销售，同时他还具备分享精神，愿意帮大家找到最有用、最新的美妆产品，同时还能帮大家谈到最优惠的价格；这就是为用户着想的真实写照。第二，他是男生做美妆，起初要么没人看，要么还被骂，但他凭着自己的执着与专业，愣是实现了"你若盛开，蝴蝶自来"的梦想。他没有三天打鱼两天晒网，而是要么不做，要么就持续的精神，让他能够在主播这一行死磕到底。第三，打破常规，亲自试妆，这是建立与粉丝间最好的互动，让粉丝彻底信任。所以，他是美容

顾问，他能吸引爱美的大部分女生。他是这样回答粉丝的：这是我的工作，我不直播不工作的时候是不会化妆的，我的工作是要把我认为的美传达给每一位消费者。后来几乎所有粉丝都说，这个男生我很喜欢。当其他主播都把口红试在手臂上给大家看的时候，只有这个男生做到了把每支口红都试在嘴巴上。我觉得这就是我给用户的信任。

之所以他是电商主播，是因为第一，他有自己的语言风格，有趣又独特。他喜欢综艺，爱看广告，并且把综艺和广告里的语言以及口头禅混在一起，最终形成了自己的语言风格。这就是差异性。第二，形式上不断尝试，内容上固定开播，不但会精益求精，而且在直播间像表演一样把产品展示给大家，让大家喜欢看，持续看，形成了固定的粉丝流量，因为内容好还得到了更多粉丝裂变产生的流量。于是，有更多的人来看，淘宝又给他匹配更多的流量，形成正向循环。第三，产品供应链很强大，直播的产品大部分来自旗舰店，少了很多产品质量上的影响。

之所以他是创业者，是因为第一，他用前期的用心与努力打造了自己独一无二的个人IP，成为电商明星，成为超级网红，成为无法复制的独立创业者。第二，他还在继续不断自我进化，把消费者和粉丝当成朋友，向线下拓展，做佳琦严选的美妆卖场，主打口红等美妆产品，类似丝芙兰，但也是限时限量，将流量和体验相结合。第三，有自己的更大目标和梦想，做一个李佳琦的美妆品牌，不是一个网红品牌，而是享誉世界的新国货品牌。

所以，鉴于李佳琦这样的经验和经历，又如何不能持续爆红呢？因为他已经具备了持续爆红的很多因素。

 后记

再说说李子柒，她成为网红并持续爆红也是有迹可循的。

第一，首先她凭借的是个人对美食的爱好，而且成为网红路也并不好走，全靠努力和坚持。2015 年，她开了一个淘宝店，销售不佳，为了吸引粉丝，开始着手自拍自导美食视频。结果淘宝店没有起死回生，但视频却大受欢迎。她干脆关掉淘宝店，专心做起视频。2016 年，她和杭州微念科技签约，成为微博的美食博主，微念科技是她背后的最大推手。2018 年 8 月，她重开淘宝店。2019 年店庆期间销售额破 2000 万元，螺蛳粉爆卖 27 万份。李子柒视频拍的都是中国传统美食和工艺，三月桃花开，她采来酿成桃花酒；五月枇杷熟，她摘来制成枇杷酥，还有养蚕、缫丝、刺绣、竹艺、木工等，她徒手制毛笔、制墨、造纸、制砚台。可以说，为了传播中国文化，这丫头是个非常用心且好学之人。她的视频没有英文字，却在国外圈粉无数，其重要性就是内容十分精彩。

第二，李子柒是打造个人 IP 的高手。在产品的发展过程中，1.0 重视产品质量；2.0 重视品牌；3.0 IP 时代。IP 和品牌不同，它更强调情感、价值、文化、个性和符号，通俗点说就叫调性或者人设，没有这个很难脱颖而出。品牌不一定是 IP，但 IP 天生就是品牌，它是更高一级的品牌。一旦 IP 打造成功，就会出现自主自发病毒式的传播，李子柒靠独特的内容做到了。并且她的 IP 立意非常高远，代表的不是某一个产品，而是中国风，中国文化，国货，国潮，上来就实现了宏大又丰富的主题，非常容易跨界和吸引更多的元素来推动自己的发展。

第三，时代发展推动广告和内容的互相影响，有时候一个好的内容就是

广告，一个好的广告也看内容。我们很难分清什么是内容，什么是广告。或者可以说，广告即内容，内容即广告。内容需要有自传播才能爆发。内容的背后是什么？是社交货币。我们喜欢的内容也好，产品也好，往往具备有情、有趣、有用、有品。现代营销不是直接展示产品，而是展示更多吸引人的内容；企业不只是玩价格战，更多的是植入独特的价值，给客户讲一个故事；你不仅是用传统媒体，更多的利用自媒体传播；不仅是买完之后再分享，而是在你没买的时候，就会把好内容分享出去。李子柒打造的中国元素的内容，本身就自带流量，自带社交货币。所以，她是成功的，并且能持续成功。

有最初的目标，有坚持的勇气，有有趣的内容，有不断更新的脚步，有和时代同时进步的觉悟，这样谁又能断定你不是下一个李子柒或下一个李佳琦呢？